国家自然科学基金青年项目"基于社交网络的产品推荐激励策略研究（项目编号：72101193）"资助出版

教育部人文社科基金青年项目"供应中断风险下消费者恐慌囤货行为与零售商应对策略研究（项目编号：21YJC630173）"资助出版

基于社交网络的产品推广策略研究

郑锐　著

WUHAN UNIVERSITY PRESS
武汉大学出版社

图书在版编目(CIP)数据

基于社交网络的产品推广策略研究/郑锐著.—武汉：武汉大学出版社,2024.3(2025.2 重印)
ISBN 978-7-307-24163-3

Ⅰ.基… Ⅱ.郑… Ⅲ.网络营销—研究 Ⅳ.F713.365.2

中国国家版本馆 CIP 数据核字(2023)第 229947 号

责任编辑:沈继侠　　　责任校对:汪欣怡　　　版式设计:韩闻锦

出版发行：**武汉大学出版社**　　（430072　武昌　珞珈山）
　　　　（电子邮箱：cbs22@ whu.edu.cn　网址：www.wdp.com.cn）
印刷:湖北云景数字印刷有限公司
开本:720×1000　　1/16　　印张:12　　字数:192 千字　　插页:1
版次:2024 年 3 月第 1 版　　2025 年 2 月第 2 次印刷
ISBN 978-7-307-24163-3　　　定价:58.00 元

前　言

　　社交时代，社交圈好友和潮流引领者对消费者决定购买什么产品有很大的影响。相比于传统广告，消费者更倾向于从其他消费者的购买决策或产品评论中获取产品信息，进而产品偏好和购买决策也受到其他消费者的影响。这种消费者在社会网络中相互影响的行为对企业产品设计、定价和推广等运营决策产生了重大影响。例如，电商企业开始在手机客户端整合社交功能，如拼多多在手机客户端开发了拼小圈功能，用户可以在拼小圈浏览、评论和转发好友用户购买的产品链接，实现了真正的社交电商；近两年发展起来的二手书创业平台多抓鱼在设计用户界面时加入了对每本书由哪些用户买过和卖过等信息的展示，这非常方便地帮助多抓鱼利用用户之间的影响力对书籍进行推广；瑞典斯德哥尔摩的五星级酒店北欧之光基于顾客在社交平台上的粉丝数量为到店顾客提供差异化的价格折扣或免费客房服务，以期那些粉丝多的顾客在入住酒店后为公司吸引更多的顾客；还有企业推出的邀请好友购买产品得推荐奖励的实践案例随处可见。

　　在学术界，如何将社交网络中的社会化影响纳入企业的运营决策、如何更充分地挖掘社交网络的价值成为国内外学者关心的问题。笔者暂将这一研究领域称为社交网络与运营管理领域。对这一领域的研究是建立在社会网络科学、网络经济学和运营管理这三个领域知识的基础之上。具体来看，网络科学是随着以互联网为代表的网络信息技术的进步，人类的生活与生产活动越来越多地依赖于复杂网络系统后逐渐发展起来的一门学科。在国内，这门学科开始受到较多的学者关注大概是在 21世纪初。针对网络科学这一领域的代表作，读者可以参见汪小帆、陈翔和陈关荣编著的《网络科学导论》。网络经济学是学者基于网络科学的理论基础分析社会网络对人们选择职业、获取工作、购买产品等经济行为的影响的研究，主要关注社会网络中人的经济行为，其中斯坦福大学教授马修·O. 杰克逊在 2011 年出版的《社会与经济网络》一书成为这个领域的一部重要代表作。近几年管理科学与运营管理领域的学者开始关注作为企业的经营者，应该如何结合社会网络中人的行为特征来优化运营决策。例如，现任职于香港科技大学商务统计与运营管理学院的陈滢儒教授在社会经济网络与运营管理领域深耕数年，成果颇丰。笔者也很荣幸能够与陈滢儒教授在该研究领域进行合作，合作研究成果也收录在本专著中。

　　本学术专著收录了笔者近几年关于企业应如何基于社交网络进行更有效的产品推广的相关研究成果。研究重点关注企业利用社交网络进行产品推广过程中的激励策略设计问题，系统分析企业应如何基于个体在社交网络中的影响力、个体之间的不同社交关系以及社交网络结构特征设计最优的产品推广激励策略。专著主要收录了四篇学术研究成果，其中前三篇研究成果紧密围绕企业常采用的三种推荐激励方式，即以价格折扣的方式激励顾客进行产品推荐、以直接给推荐奖励的方式激励顾客进行产品推荐和将用户转化为品牌的推广代理，以佣金的方式激励代理人通过社交平台推广产品，深入分析企业基于社交网络的最优产品推广激励策略。专著收录的第四篇研究补充分析了社会化影响对用户行为和企业利润的影响，研究关注在一个充满同伴影响的社会网络中，人群的差异性对产品信息扩散和企业利润的影响，研究成果可以帮助读者进一步拓宽对社会化影响的作用的理解。此外，本书在第一章和第二章对社交网络与运营管理领域的相关研究文献和基础理论与建模方法进行了详细介绍，为后续研究提供参考。感谢您对社交网络与运营管理这一研究领域的关注，欢迎广大读者参与对该领域研究的交流讨论。

目　　录

第1章 绪 论

1.1 研究背景及意义

如何挖掘和释放我国国内超大市场的潜力，不仅是中国企业关心的问题，也是国家高度重视的发展战略问题。为拉动消费，在 2020 年出现了全国各地书记和市长进入社交平台直播间直播带货的趣事，网经社电子商务研究中心的报告数据显示 2020 年国内直播电商市场交易规模为 1.28 万亿元，到 2022 年，直播电商市场交易规模已上升到 3.5 万亿元。这种基于社交平台的产品推销方式既弥补了消费者在线上交易过程中对社交的需求，又充分利用了产品信息通过社交网络快速扩散的优势，已成为网络时代商业社会发展中不得不重视的新趋势。调查数据显示，在信息爆炸与商品品牌空前繁多的时代，相比于传统广告，消费者更信任社交圈中朋友的产品推荐(Trusov 等，2009；Hu 等，2019)。92%的受访者表示在作购买决策时更相信朋友的推荐而不是产品广告；81%的消费者表示朋友在社交媒体上发表的品牌评论或推荐信息会显著影响其品牌选择；76%的人最终会购买在社交平台上发现的产品(Zheng 等，2020)。业界的实际案例也说明，在激烈的竞争环境中，营销活动围绕人的社交圈展开的企业通常可以在较短的时间内快速打开市场。例如拼多多电商公司将社交与电商深度结合，利用用户的社交关系链，通过拼团价格优惠激励用户邀请好友一起购买产品。在这种模式下拼多多成功突围，快速成为中国第三大电商(梅新蕾和荆兵，2019)。微信视频号基于人的社交联系对视频进行关联和推荐，大大提高了视频内容的观看和分发率，使视频号活跃用户数快速突破 2 亿(石伟晶等，2020)。

1

随着基于社交网络的产品推荐推广在业界的应用与发展，企业采用的主要的产品推广激励方式不断显现。这些推广激励方式主要可以概括为以下三类。第一类是以价格折扣的方式激励顾客进行产品推荐，即如果顾客愿意在社交圈中发表产品的相关信息，那么其购买产品时便可以享受价格折扣。这一类推广奖励方式强调现有顾客对产品信息的转发与扩散，对信息接收人是否真正购买产品没有强制要求。第二类是以直接给推荐奖励的方式激励顾客进行产品推荐。例如各大电商平台 App 均开通了推荐得奖励的功能。如果用户购买产品后将自己的购买信息和产品链接分享给社交好友并成功促成好友的购买，那么推荐人便可以获得一定额度的推荐奖励；还有一些电商平台支持用户浏览商品后就可以进行有奖推荐。这一类推荐激励方式要求在信息接收人成功购买产品后推荐人才可以拿到推荐奖励。第三类是将产品的用户转化为品牌的推广代理，企业以佣金的形式激励代理人通过社交平台推广产品。例如以美妆、服饰等具有高溢价、高复购特征的产品的推广主播或微信平台推广代理等（梁湘，2020）。学术界中越来越多的学者开始研究企业基于社交网络的产品推广激励策略（例如，Biyalogorsky 等，2001；Kornish 和 Li，2010；Lobel 等，2017；Leduc 等，2017；段永瑞和伊佳，2020）。然而，现有的绝大部分研究通常对社交网络的结构与特征做很强的简化，研究只分析了为网络中所有节点制定统一的推广激励策略，这种"一刀切"的统一激励策略忽略了消费者之间的联系特征以及不同消费者影响力的差异，关于基于社交网络的结构特征为不同的消费者制定差异化的推广激励策略的研究还较少。

近两年，企业通过将电商技术与社交技术融合的方式打通了对消费者社交网络信息的获取渠道，这为企业基于社交网络进行产品推广创造了新的优化空间。首先，企业通过与社交平台合作，鼓励用户使用个人社交媒体账户登录企业网站或手机客户端。企业通过这种方式可以快速将用户与社交平台上相应的用户进行关联，进而获取用户在社交平台上的信息。其次，越来越多的电商企业在手机客户端整合社交功能。例如拼多多手机客户端整合了用户与好友一起开农场的社交功能；拼多多还在手机客户端推出拼小圈功能，拼小圈功能与微信朋友圈功能类似，用户可在拼小圈通过手机通讯录直接添加其他拼多多用户为好友，添加好友后用户可以看到好友在拼多多的最新订单情况，并可以直接在拼小圈交流点赞或分享产品。此外，经过用户授权后，拼小圈可结合用户通信录中与好友的联系频率、用户在拼小圈中的浏览和互动等数据分析用户之间的不同联系强度，并进一步将用户的拼小圈好友分为常联系好友和不常联系好友。通过将网购功能与社交功能相整合，电商企业可以非常方便地获取用户的社交网络数据。研究显示将社交网络视为驱动企业产品推广的动力和能量、围绕人的社交联系网络对商品信息网络进行重新构建已成为一种新趋势(Manshadi，2020)。这一趋势对企业应如何更好地挖掘社交网络信息的价值提出了新要求。

在业界已有少数企业开始利用其获取的社交网络信息对不同的消费者进行差异化的推荐激励。例如，一些度假酒店根据顾客在社交平台上的粉丝数对客户实行差异化的价格折扣方案。只要顾客愿意在社交平台上发布酒店相关的照片，顾客就可以享受到社交平台粉丝数越多则价格折扣力度越大的优惠(Fainmesser 和 Galeotti，2020)。Klout. com 通过使用用户在不同社交平台(如 Twitter、Facebook、Google＋、LinkedIn、YouTube、Instagram 等)上的活动数据来度量个体在社交网络中的综合影响力，也就是个体的 Klout 分数。Klout 分数可以反映一个人向他人传递信息的程度，以及一个人的行为对他人行为的影响程度。这为企业基于个体的影响力开展差异化的产品推广激励活动提供了基础。例如，2011 年，微软与 Klout 公司合作，向有影响力的用户免费提供一部 Windows Phone 7.5 手机；索尼向 Klout 分数高的用户免费赠送索尼 NEX3N 相机和索尼 Actio。企业希望这些高影响力的用户在使用产品后可以为公司吸引更多潜在客户。然而，调查数据显示，绝大部分企业对如何充分挖掘社交网络的强大力量尚不清楚(Mckinsey，2012；Zheng 等，2020)。在企业基于社交网络进行产品推广的激励策略方面，还存在很多亟待解决的科学问题，例如，企业应如何优化产品推荐奖励策略以提升产品推荐的参与度和推荐链接的转化率？如何制定差异化的推荐激励策略以充分利用重要节点的社交影响力？如何有效地量化评估将大量资金与人力投入社交营销活动中的效果？解决这些科学问题将对我国企业大有裨益。

本书结合业界的实际需求以及社交网络数据的采集与分析技术为企业基于社交网络进行产品推广创造的新的优化空间，科学深入地研究个体的社交影响力、个体与个体之间的不同社交关系以及总体社交网络结构与企业最优产品推广激励策略的互动机理。研究从企业常采用的三种推广激励方式分别展开，这三种常用的激励方式如图 1-1 所示。

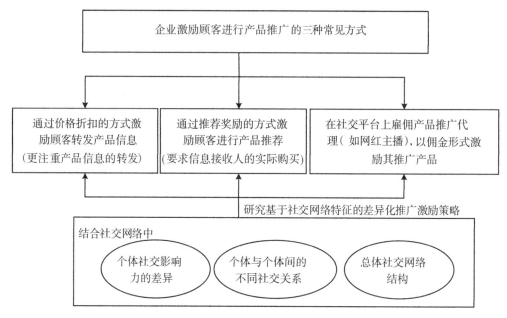

图 1-1　社交网络特征与产品推广激励策略

首先，本书研究分析了企业应如何结合个体在社交网络中的影响力和个体之间的社交网络结构对不同影响力的个体进行差异化的价格折扣激励策略（也就是差异化的定价策略）。其次，研究深入探索了企业应如何结合产品推荐人与信息接收人之间的不同社交关系，通过差异化的推荐奖励策略提升推荐参与度以及推荐链接的转化率。再次，研究分析了企业应如何基于节点在社交网络中的位置决策产品推广代理的选择和激励策略，研究探究了社交网络中不同级别网红的最优选择策略和产品推广效果。最后，研究进一步探究了社交网络中节点的差异和同伴影响效用对企业利润的影响。研究成果丰富和完善了企业基于社交网络特征优化产品推广激励策略的相关理论。研究结合理论模型的分析结果，通过仿真分析的方法可视化不同激励策略下产品信息与产品采纳的扩散过程，清楚量化基于社交网络的产品推广营销方案为企业带来的效益。研究成果为企业基于社交网络进行产品推广过程中的推广激励策略以及推广营销效果的度量等问题提供切实可行的指导方案。

1.2　主要研究内容与研究方法

研究针对企业利用社交网络进行产品推荐推广的实际需求，结合社交网络数据

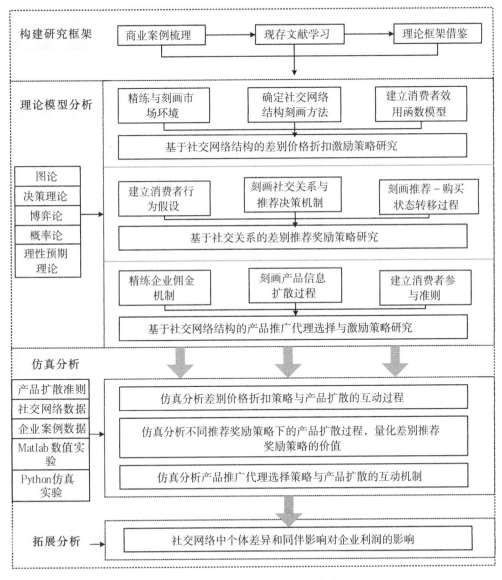

图 1-2　主要研究内容和主要研究方法

5

的采集与分析技术为企业基于社交网络进行产品推广创造的新的优化空间，分析个体在社交网络中的影响力、个体之间不同的社交关系以及总体的社交网络结构与企业最优产品推荐激励策略的互动机理。以理论模型分析和仿真分析为主要技术手段，以提高产品采纳率和企业利润为最终目标，围绕企业常采用的三种推广激励方式，具体分析基于社交网络结构的产品差别价格折扣激励策略、基于不同社交关系的差别推荐奖励策略以及基于社交网络结构的产品推广代理选择和激励策略，量化基于社交网络结构与特征为消费者制定差异化的推荐激励策略可以为企业带来效益，可视化不同推荐激励策略与产品信息扩散过程的互动机制，探讨社交影响对企业利润的影响。研究主要内容和主要研究方法如图 1-2 所示。

1.3　国内外研究现状

本专著研究的对象是社交网络中的消费者以及向这些消费者出售产品或服务的企业，研究的主题是企业应如何结合社交网络结构与特征激励现有顾客将产品推荐给更多潜在顾客以实现企业利润的最大化，研究的内容隶属管理科学领域的应用基础研究。社会科学领域对社交网络结构和特征的研究以及管理领域对企业基于社交网络的产品推荐激励策略的研究构成了本书研究的基础。

1.3.1　社交关系、社交影响力和社交网络结构的度量方法

美国社会学家马克·格兰诺维特（Mark Granovetter）在 1973 年提出了社交关系联系强度的概念。马克·格兰诺维特将人际关系分为强联系关系与弱联系关系。强联系关系包括与自己关系最为亲密的人，如挚友和家人等；而弱联系关系包括自己不太了解的人，如同事或仅认识但不了解的社群成员等。这一社交关系的分类方法被后续学者接受且沿用至今。在个体社交圈的特征方面，英国进化人类学家罗宾·邓巴（Robin Dunbar）在 1992 年提出了关于个体社交圈人数的 150 定律。邓巴指出每个人拥有的稳定关系约 150 人，其中约 20% 为强联系关系，而剩余 80% 都为弱联系关系。由于这一社交人数的上限是由人类大脑皮层容量的限制决定的，因此在当今的互联网时代，这一定律仍然成立。近几年学者对个体社交网络特征的研究发现单个个体通常拥有几个小的独立的社交圈，例如，大学同学、家人和同事等独立的圈

子，不同圈子的朋友并不认识彼此，例如大学同学与家人这两个圈子的人并不认识。每个个体都以独一无二的方式将多个小圈子的人联系在一起形成庞大的社交网络，即社交网络是由相互联系而又彼此独立的小朋友圈子组成的（Adams，2011）。个人在社交网络中的位置、个体之间的社交关系以及整个社交网络的结构均会对网络中信息的扩散产生影响。

Marsden 和 Campbell(1984)指出人与人之间的亲近程度可以作为衡量联系强度非常准确的指标，学者可以通过亲近程度打分法评估关系的联系强度。近年来，有学者提出了基于社交平台数据对社交关系联系强度进行度量的新方法。例如，Aral 和 Walker(2014)提出了两个 Facebook 好友之间联系强度的度量方法。该度量方法主要考虑了四个方面的因素：（1）关系的社会环境，例如是否来自同一地区等。(2)关系的亲近度，例如两人是否居住在同一地区。(3)共同兴趣的交叉程度，例如关注的相同品牌的数量。(4)沟通的频率，例如对彼此 Facebook 内容评论互动的次数。Zhang 和 Godes(2018)依据产品社区中用户的互动数据，将互为好友的用户之间的关系定义为强联系，而把只是单向关注的粉丝关系定义为弱联系。在社交影响力的度量方面，Ballester 等(2006)提出了基于节点在社交网络中的 Bonacich 中心度来度量节点在网络中的影响力的方法。汪小帆等(2012)在网络科学导论教材中也详细概括了网络节点影响力的度量方法。在本书中作者也提出了新的影响力度量方法，具体将在第五章进行介绍。对社交网络结构的刻画通常有两种方法：一种是基于网络中节点的度分布抽象地描述社交网络的结构特征，如泊松分布网络与幂律分布网络；另一种是基于网络的邻接矩阵非常详尽地刻画网络中任意一对消费者之间的相互影响关系(汪小帆等，2012)。这些度量方法为后续研究提供了重要参考，同时也为企业基于不同社交关系、不同社交影响力等实施差异化的推荐激励策略提供了基础。本书将在第二章相关理论知识部分详细介绍社交网络的表示方法。

1.3.2 价格折扣激励策略的相关研究

Biyalogorsky 等(2001)最早通过理论模型分析了企业应如何优化价格折扣策略以激励现有顾客进行产品推荐。Jing 和 Xie(2011)分析了团购促销这种特殊的价格折扣策略对促进产品信息扩散的效果。研究发现团购的优惠价格可以非常有效地激励消费者将产品信息推荐给他人。Leduc 等(2017)对比分析了价格折扣与推荐奖励对促进产品信息在社交网络中扩散的作用。研究发现当消费者群体在社交网络中的影响力差别不大，例如当网络结构为规则网络时，选择价格折扣激励策略比选择推荐奖励激励策略更好。这些研究只分析了为网络中所有节点制定统一的价格折扣激励策略。近年来有一些学者开始探讨如何基于社交网络结构为网络中不同节点的消费者制定差异化的定价或价格折扣策略。例如，Candogan 等(2012)研究了垄断企业对具有正向网络外部性产品的差别定价问题。研究指出基于社交网络结构的最优产品价格通常包含三部分：一是独立于网络结构的、只与产品本身价值相关的一个量；另一部分是基于个体对其他消费者的影响能力为其提供的一个价格折扣，这一价格折扣与消费者在网络中的 Bonacich 中心度成正比；最后一部分是基于个体从其他消费者那里获得的影响向其收取一个价格溢价。Bloch 和 Quérou(2013)也研究了当产品存在正的网络外部性时，企业的最优产品定价问题。与 Candogan 等(2012)不同的是，Bloch 和 Quérou(2013)采用了不同的方法来刻画消费者的效用函数，同时作者还将模型拓展到寡头竞争市场下的社交网络定价问题。还有一些其他研究探讨了网络拓扑结构与网络连接程度等因素对企业最优产品定价策略的影响，如 Fainmesser 和 Galeotti(2016)以及 Sääskilahti(2015)的研究。Ushchev 和 Zenou(2018)提出了基于社交网络定价问题建模的新视角，作者刻画了消费者偏好在不同品牌网络中的位置，并基于消费者偏好的位置进行差别定价。李锋和魏莹(2017，2018)通过仿真的方法分析了当消费者被连接在一个小世界网络中并且消费者之间存在相互影响时产品的定价策略。

1.3.3　直接推荐奖励策略的相关研究

实证研究已通过数据验证了不同奖励形式以及不同社交关系下推荐奖励的不同效果。Jin 和 Huang(2014)的研究发现，对推荐人来说，金钱报酬会比非金钱类的礼品报酬给其带来更高的心理成本。Ryu 和 Feick(2007)发现推荐人与接收人之间的联系强度会影响企业推荐激励策略的效果，企业的有奖推荐方案在弱联系的人群之间更有效。Chatterjee(2011)基于社交网站上的点击流数据分析了推荐人的特征(包括推荐人的好友数、成为会员的时长)等因素对推荐人参与度以及接收人访问推荐链接的概率的影响。Verlegh 等(2013)通过实验以及问卷调研发现，公司付给产品推荐人推荐报酬会导致接收人揣测推荐人的动机进而影响推荐效果。为解决这一问题，企业可以采取同时给推荐人和接收人奖励的双向推荐激励策略。Libai 等(2013)通过仿真模拟的方法分析了产品推荐营销策略对促进公司市场扩张的效果。作者指出在分析产品推荐营销策略为公司带来的效益时，要注意剔除那些即使没有推荐营销策略最终也会购买公司产品的用户。Hu 等(2019)通过仿真实验的方法评估了强关系与弱关系在促进产品扩散上的不同价值。

关于推荐奖励策略的理论研究主要关注以下三个方面的问题：(1)推荐报酬的额度。(2)推荐报酬的计费方式，如线性推荐报酬(报酬金额与成功获取的新客数呈线性关系)或阈值推荐报酬(当成功获取一定数额的新客后推荐人会得到一笔奖励)。(3)推荐报酬的支付对象，例如给推荐人报酬、给接收人优惠或同时给推荐人和接收人优惠。在早些年的研究中，学者通常没有考虑社交网络特征对最优奖励策略的影响(如 Biyalogorsky 等，2001；Kornish 和 Li，2010；Xiao 等，2011；Jing 和 Xie，2011；Zhou 和 Yao，2015)。近几年学者开始关注社交网络结构对企业最优推荐奖励策略的影响。Leduc 等(2017)对比分析了价格折扣与推荐激励对促进产品信息在社交网络中扩散的作用。作者指出当消费者之间的影响力差别较大时，企业应该选择推荐奖励的激励方式。Lobel 等(2017)分析了不同社交网络结构下，线性报酬方式与阈值报酬方式的不同表现。研究发现当消费者在社交网络中的度服从幂律分布时，阈值报酬方式比线性报酬方式表现更好；而当个体连接度服从泊松分布时，线性报酬方式比阈值报酬更好。Carroni 等(2020)分析了不同网络连接密度下通过个人邮件的一对一推荐与通过社交媒体的一对多的公开推荐的不同效果。段永瑞和伊佳(2020)基于巴斯模型研究了社交网络中企业推荐奖励和广告投入的优化问题。

1.3.4 基于社交网络的产品推广代理选择与激励策略的相关研究

Gladwell(2002)所著的《引爆点》强调如果能够找到网络中少数具有影响力的人，便可以通过他们去影响数万甚至数百万的人。基于 Gladwell(2002)的寻找有影响力的人的思想，学者们开始研究企业在产品信息扩散过程中种子客户的选择问题(如庄新田，2009；陈锟，2010；Hinz 等，2011；Chae 等，2017；Ni 和 Yang，

2019)。近几年，有学者开始通过理论模型分析基于社交网络结构的产品推广代理的选择策略。如 Zhou 和 Chen(2015，2016)的研究分析了企业应如何基于社交网络结构信息找出网络中的意见领袖并对其进行有针对性的信息发布。Bimpikis 等(2016)分析了企业基于个体社交影响力的定向广告投放问题。Manshadi 等(2020)研究了不同网络的度分布特征与信息在网络中扩散程度的互动机制。还有更多关于网络中的选种和影响力最大化问题的文献将在下面相关章节进行具体介绍。

1.3.5　文献评述与待研究的问题

(1)在价格折扣激励策略方面。首先，在现有的关于企业通过价格折扣的方式激励顾客进行产品推荐的研究中，学者通常假设企业对所有消费者进行统一的价格折扣激励，而未考虑对不同影响力的消费者进行差异化的价格折扣激励。然而，在业界的实际运营中，已出现了企业给不同连接度的顾客差别价格折扣激励的实例。这对基于社交网络结构信息的差异化的价格折扣激励策略的相关科学理论有了迫切需求。虽然已有一些学者开始探讨企业对不同节点消费者的差异化的定价策略，但这些研究通常假设所有消费者在同一时间窗做决策，研究还停留在分析单一销售期的静态差别定价策略的阶段。然而，在实际情况中消费者对产品的采纳是有先后顺序的；一部分消费者先采纳产品，然后，企业激励这些早期用户进行产品推荐为企业吸引更多后续顾客。这意味着现有研究尚不能解决企业面临的实际价格折扣激励问题。基于此，本书中的研究深入分析了企业基于社交网络结构的动态差别价格折扣激励策略。研究基于网络连接矩阵分析一般化网络结构下的最优差别价格折扣激励策略，探讨最优差别价格折扣激励策略与网络特征的互动机制。

(2)在直接推荐奖励策略方面。现有研究只分析了对所有消费者制定相同的统一推荐奖励策略。然而，实证研究表明推荐人与信息接收人之间的社交关系会影响推荐人的参与度以及推荐连接的转化率；不同社交关系下信息接收人感知的心理成本存在差异。这意味着为提高推荐人的参与度和推荐链接的转化率，企业可以依据个体之间的不同社交关系制定差异化的推荐奖励策略。此外，在业界，企业也希望通过差异化的推荐奖励提升推荐参与度，例如，拼多多向产品推荐人发放金额不同的优惠券，支付宝向推荐使用支付宝支付的商家和顾客同时提供不确定金额的红包奖励等。但这些差异化的推荐奖励通常是随机生成的，还没有一套科学的指导方案供企业参考。基于此，本书中的研究细化了社交网络中产品推荐人与信息接收人之间的社交关系，研究详细分析了不同社交关系下企业最优的推荐奖励策略。然后，为提升推荐链接的转化率，研究进一步分析了不同社交关系下企业同时给推荐人推荐奖励和接收人优惠券的双向激励策略。最后，研究基于产品购买与推荐的扩散过程，分析产品长期扩散稳态下差别推荐奖励策略的效益。

（3）在基于社交平台的产品推广代理选择与激励方面。现有的关于基于社交网络的信息传播理论存在两种不同的观点。有些学者强调网络中具有较大影响力的少数人的重要性。如果企业能够找出这些少数有影响力的人并选取他们为种子节点触发产品信息的扩散，那么这些人将影响数万甚至数百万的人。然而，另一些学者强调社交网络是由相互联系而又彼此独立的小朋友圈子组成，策划营销方案与传播信息时，应着眼于众多的小朋友圈子，而不是去寻找一两个有影响力的人。寻找有影响力的人既不具成本效益，也没有效率。寻找喜爱品牌的普通人，然后针对这些人开展营销活动并激励他们向朋友推荐品牌更具经济效益。在实际中，企业能够用于支付给产品推广代理的资金是有限的，而大 V 网红的佣金往往比普通代理的佣金费用高很多。基于理论上的争议和企业的实际需求，本书中的研究通过对社交网络中影响者产品推广信息扩散模型的刻画，详细分析了适用于不同级别网红的最佳影响力度量指标、不同级别网红的产品推广效果以及最优多阶段产品推广策略。

第 2 章　相关理论知识

2.1　社交网络的表示方法

在网络科学领域，一般将物理世界的实物网络抽象为数学领域的图进行研究。这种抽象的一个主要好处在于它使得我们透过现象看本质，通过对抽象的图的研究而得到具体的网络的拓扑性质。这些拓扑性质与网络中节点的大小、位置、形状、功能等以及节点与节点之间是通过何种物理或非物理的方式连接等都无关，而只与网络中有多少个节点以及哪些节点之间有边直接相连这些特征相关。在用图表示现实物理网络的故事中，最出名的应该是 Königsberg 七桥问题，欧拉把被河流分割开的每块陆地用一个点表示，而把连接两块陆地之间的每座桥用连接相应两点的边来表示，这样就把七桥问题转化为包含 4 个点和 7 条边的图中是否存在经过每条边一次的回路的问题。

图是网络表达的基础。一个具体的网络可抽象为一个由点集 V 和边集 E，以及连边上的权重集合 W 组成的图 $G(V, E, W)$。顶点数记为 $N = |V|$，边数记为 $M = |E|$。E 中每条边都有 V 中一对点与之相对应。一般用弧 $e_{ij}(e_{ij} \in E)$ 表示图中节点 i 和节点 j 之间的边，代表它们之间存在关联，$w_{ij} \in W$ 表示边弧 e_{ij} 上的权重，一般用来描述两个节点之间相互关联的强度。根据连边的类型不同，社交网络一般可以分为有向有权网络、有向无权网络、无向有权网络和无向无权网络，这些网络可以抽象为对应类型的图，如图 2-1 的示例。

当把现实的物理网络抽象为图之后，在社交网络研究领域学者通常可以采用以下三种方式将图表达为计算机能够读懂的数学语言。

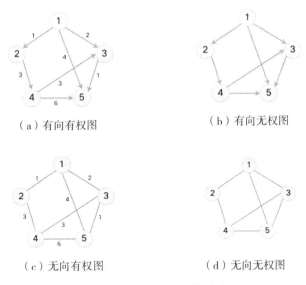

（a）有向有权图　　　　　　　　　（b）有向无权图

（c）无向有权图　　　　　　　　　（d）无向无权图

图 2-1　　不同类型的网络图示例

2.1.1　邻接矩阵表示法

对图的精确表达通常可以采用邻接矩阵表示法。图 G 的邻接矩阵 $A = (a_{ij})_{N \times N}$ 是一个 N 阶方阵，第 i 行第 j 列上的元素 a_{ij} 通常定义为

$$a_{ij} = \begin{cases} w_{ij}, & \text{如果有从顶点 } i \text{ 指向顶点 } j \text{ 的权值为 } w_{ij} \text{的边,} \\ 0, & \text{如果没有从顶点 } i \text{ 指向顶点 } j \text{ 的边} \end{cases} \quad (2\text{-}1)$$

如果图中不考虑连边上的权重，则通常当从顶点 i 指向顶点 j 有连边时取 $a_{ij} = 1$，没有连边时取 $a_{ij} = 0$；如果不考虑连边的方向，则通常当顶点 i 与顶点 j 之间有连边时取 $a_{ij} = a_{ji} = 1$，否则 $a_{ij} = a_{ji} = 0$，这也意味着对于无向网络图，图的邻居矩阵为对称的方阵。

2.1.2　节点度分布表示法

在有些情景下，例如网络规模特别大时，我们可能无法准确知道网络中所有节点之间的具体连接情况，此时，我们可以通过对网络中节点度分布特征的分析抽象地描述社交网络的结构特征，常用的节点度分布如泊松分布、幂律分布等。对节点度的分布特征，可以通过统计度数为 k 的节点在整个网络中所占比例 p 得到。从概率统计的角度来看，p 可以被视为在网络中随机选择一个节点，其度数为 k 的概率，这就是度分布的概念。下面详细介绍社交网络分析领域常用的几个度分布函数。

（1）泊松分布。当假设网络中的节点是独立地以相同的概率 p 相连时，那么很容易得到节点的度服从概率为 p 的二项分布，即节点 i 的度为 d 的概率为 $C_{n-1}^d p^d (1-p)^{n-1-d}$，当 n 很大且 p 较小时，二项分布近似为泊松分布，此时节点度为 d 的概率近似为 $\dfrac{e^{-(n-1)p}((n-1)p)^d}{d!}$，即均值为 $(n-1)p$ 的泊松分布。从以上度分布的推导过程可知，当假设网络中节点的度服从泊松分布时，也意味着假设网络中的任意一对节点以相近的概率随机连接起来。

通常称度分布满足泊松分布的网络为泊松网络（Poisson Network），我们可以基于泊松分布的特性分析这一类网络的一些性质。

$$P(k) = \frac{\lambda^k e^{-\lambda}}{k!} \tag{2-2}$$

式（2-2）为一般泊松分布概率密度函数，其中参数 $\lambda > 0$，泊松分布的均值和方差都是 λ。从图 2-2 中可以发现，随着 λ 的增大，泊松分布曲线会逐渐接近正态分布曲线。例如，当 $\lambda = 10$ 时，泊松分布的曲线接近正态分布曲线，这意味着大部分节

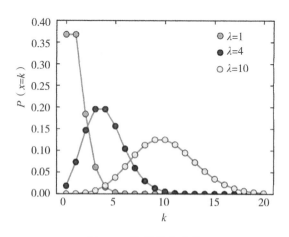

图 2-2　泊松分布曲线

点的度在均值左右波动。

（2）幂律分布。Barabási 和 Albert 指出网络中的节点并不是以相近的概率获得邻居，而是存在优先连接（Preferential attachment）的特性。社交网络的规模通常是不断扩大的，例如每个月都会有新的用户注册了社交媒体账户，并且这些新的节点更倾向于与那些具有较高连接度的节点相连接。这种现象也被称为"富者更富"或"马太效应"。在这种优先连接的特性下，网络中节点的度分布更接近幂律分布。学者通过对 Facebook 等社交网络实际数据的分析也验证了社交网络中节点的度分布更接近具有长尾性质的幂律分布（Ugander，2011）。

幂律分布的示意图如图 2-3 所示。在幂律分布下，网络中节点度为 d 的概率满足：

$$P(d) = cd^{-\gamma} \tag{2-3}$$

其中 $c > 0$ 为一个较小的参数，γ 通常被称为幂指数，取值通常在大于 2 小于 3 的范围内。从式（2-3）可以发现，当我们将度从 d 变成 kd 时，相应的概率会变成原来的 $k^{-\gamma}$ 倍，这个变化倍数与 d 的取值无关，以至于人们给具有这种性质的网络起了一个特别的名字 —— 无标度网络（Scale-free Network）。Barabási 和 Albert 提出了无标度网络的构建模型。基于幂律分布的长尾特性可以发现，网络中只有少数的节点拥有比较高的度，而绝大多数节点的度比较小，这与泊松分布下大部分节点的度在平均度左右波动是很不同的。

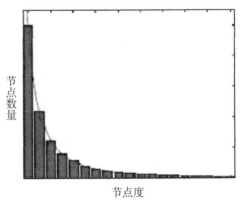

图 2-3　幂律分布曲线

此外，对函数 $y = cx^{-\gamma}$ 两边取对数，可知 $\ln x$ 与 $\ln y$ 满足线性关系 $\ln y = \ln c - \gamma \ln x$，也即在双对数坐标下，幂律分布表现为一条斜率为幂指数的负数的直线，如图 2-4 所示，这一线性关系是判断给定的实例中随机变量是否满足幂律分布的依据。

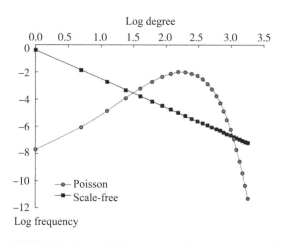

图 2-4　泊松网络与无标度网络 Log degree 与 Log frequency 曲线特征

（3）一般化的网络度分布模型。Jackson 和 Rogers（2007）提出了适用于一般化社交网络的度分布模型，涵盖了无标度网络和随机均匀形成的网络这两种极端情况，度的累积分布函数为 $F(d) = 1 - \left(\dfrac{rm}{d + rm} \right)^{1+r}$，其中 m 是网络中的平均度，$0 < r < \infty$，与网络中节点度的方差有关。当 r 趋近于 0 时分布趋近于无标度分布，r 趋近于无穷时分布趋近于指数分布。

对于以上常用的网络节点度分布模型，学者可以在 Python 程序中设定相应的度分布参数，进而生成不同的社交网络。

2.1.3　图的三元组列表表示法

另一种常用的能够直接导入计算机的社交网络表示方法是三元组列表表示法。很多公开的社交网络数据都通过三元组列表文件保存，例如斯坦福大学 Jure Leskovec 团队开发的 Stanford Large Network Dataset 中收录了很多社交网络数据，这些数据常见的一种表示方式是三元组列表形式。在进行研究时，计算机可以很容易读写这样的三元组列表文件。

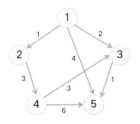

图 2-5　网络图示例

三元组列表可以很容易地表示一般的加权有向图，以图 2-5 中的包含 5 个节点的加权有向网络图为例，其三元组表示形式如下：

1　2　1

1　3　2

1　5　4

2　4　3

3　5　1

4　3　3

4　5　6

以第一行的三元组 121 为例，它表示有一条从节点 1 指向节点 2 的边，且该边的权值为 1。在无向图的三元组列表表示中，每条边也会出现两次。此外，当不考虑图中连边的权重时，可以将元组中权系数值去掉，直接用二元组列表表示一个无权的图。

2.2　社交网络中的社会化影响

大量实验和调查结果证明了社交网络中个体之间存在相互影响的现象，例如，Ma 等（2015）与 Bapna 和 Umyarov（2015）的研究。这种影响关系通常被称为社会化影响（Social Influence），有时也被称为同伴影响（Peer Influence）或同伴效应

（Peer Effect）。

对消费者在社交网络中相互影响关系的建模和刻画是分析企业如何充分利用消费者社交影响力的基础。特别是在社交网络与运营管理领域的研究中，在分析消费者的购买决策时，通常需要刻画消费者之间的相互影响关系，本书对这些刻画方式进行了概括，主要分为两种，一种是通过网络外部性（Network externality）模型进行刻画，另一种是通过社会化学习（Social learning）模型进行刻画。

2.2.1　网络外部性模型

产品的网络外部性通常指消费者对产品的使用会对他或她的同伴的使用效用产生积极的影响，这里注意到我们通常说的网络外部性指的是正的网络外部性。也有一些产品展现负的网络外部性，例如使用奢侈品的效用可能会随使用人数的增加而下降，关于负的网络外部性读者可以参见 Hashimoto 和 Matsubayashi（2014）的研究。网络外部性模型通过在消费者的效用函数中加入单个顾客使用产品的效用受网络中其他用户使用产品的影响来刻画消费者产品购买决策的相互影响关系，常有三种形式，可分别参照式（2-4）、式（2-5）和式（2-6）。

$$u_i = \theta_i - p + \alpha Q \tag{2-4}$$

$$u_i(x_i,\ X_{-i},\ p_i) = a_i x_i - b_i x_i{}^2 + \alpha x_i \sum_{j \in \{1,\ \cdots,\ n\}} g_{ij} x_j - p_i x_i \tag{2-5}$$

$$u_i = \theta_i - p_i + \alpha \sum_j g_{ij} \mathrm{Pr}(j\ \text{purchases the product}) \tag{2-6}$$

式（2-4）为最简单的刻画方式，通常被称为产品全局的网络外部性（Global network externality）。式中 u_i 表示消费者 i 购买产品可以获得的效用，θ_i 表示消费者 i 对产品的估值，p 表示产品的价格，α 表示产品的网络外部性强度，通常假设 $\alpha \geqslant 0$，Q 为产品的总销量。式（2-4）体现了消费者购买产品的效用随产品的总销量增加而增大，即使用产品的人越多，则个体使用产品时获得的效用越高。这也意味着当个体看到购买产品的人增多时，个体也更愿意购买产品。这种网络外部性被称为全局网络外部性是因为模型假设潜在单个顾客的使用效用会受到其他所有已经购买产品的顾客的影响。

式（2-5）和式（2-6）是对网络中局部外部性（Local network externality）的刻画方法。局部网络外部性指消费者 i 使用产品的效用会直接受到社交网络中邻居购买量的影响，而不是直接受到网络中所有购买者的影响。通常认为局部网络外部性与现实中的情景更接近。对局部网络外部性的刻画通常分为式(2-5)中的二次函数形式和式(2-6)中的线性函数形式。式(2-5)适用于对产品的消费量是可以拆分的连续变量的情形，式中 x_i 表示消费者 i 的购买数量，X_{-i} 表示除消费者 i 之外网络中其他消费者的消费量组成的向量，式中 $(a_i x_i - b_i x_i^2)$ 反映效用函数 $u_i(x_i, X_{-i}, p_i)$ 是关于 x_i 的二次凹函数，即效用随着消费量的增加而递增，但是边际效用随着消费量的增加而递减；α 仍表示产品的网络外部性强度，$\alpha x_i \sum_{j \in \{1, \cdots, n\}} g_{ij} x_j$ 代表消费者 i 的效用受其网络邻居使用量的影响，也就是节点 i 从网络邻居获得的网络外部性，g_{ij} 表示网络中节点 j 对节点 i 的影响强度，p_i 表示单位购买成本。式(2-6)一般适用于对产品的购买决策是不买或买的 $0-1$ 情形，式中 θ_i 仍表示消费者 i 对产品的估值，α 为产品的网络外部性强度，$\alpha \sum_j g_{ij} \text{Pr}(j \text{ purchases the product})$ 体现消费者 i 从网络邻居获得的总的期望的网络外部性，有时也可以刻画为 $\alpha \sum_j g_{ij} x_j$，x_j 表示邻居 j 是否购买产品，当邻居 j 购买时，$x_j = 1$；否则，$x_j = 0$。

2.2.2 社会化学习模型

社会化学习模型通常指网络中的消费者通过对其他消费者产品购买、产品评论等行为或信息的观察而改变自己对产品的认知或购买决策的过程。在社会化学习模型中，常用的方法分为简单线性学习模型、贝叶斯学习模型和拟贝叶斯学习模型。下面以几篇研究中的模型为例分别进行讲解。

（1）简单线性学习模型。这一学习方法指的是学习主体基于对社会上其他成员进行观察得到的信息以及学习主体的先验信息，通过简单线性组合的方式达成新观点的学习方法。学习得到的新观点还会受到学习主体学习能力的影响。具有代表性的线性学习模型如 Castro 和 Toro(2004) 在研究人类文化传播中提出的模型，作者强调了个体学习(individual learning) 和社会学习(social learning) 两种机制在人类学习行为中的重要作用。当消费者学习对象单一明确时，可以考虑使用简单线性学习模型，而且线性学习模型可以降低模型分析的复杂度。下面以 Zheng 等(2021) 的研究中采用的简单线性学习模型为例进行介绍。

在 Zheng 等（2021）的研究中，作者关注在供应中断风险下，消费者基于对人群恐慌囤货行为的观察了解未来产品短缺的可能性。具体而言，在社交网络中，后期消费者可以观察到早期消费者的囤货行为，定义 θ_1 用来表示早期消费者中囤货的消费者所占的比例，θ_1 反映早期消费者的恐慌强度，它体现了人群对零售商未来缺货的担忧程度。用 α_0 表示消费者关于未来产品缺货概率的先验认知。当后期消费者观察到早期消费者的恐慌强度后，会按照式（2-7）中的线性模型更新其对未来缺货概率的认知。

$$\tilde{\alpha}_0 = \lambda\theta_1 + (1 - \lambda)\alpha_0 \tag{2-7}$$

$\tilde{\alpha}_0$ 表示后期消费者经过社会化学习后对未来商品缺货概率的后验认知，λ 表示消费者社会化学习的强度，这里的社会化学习强度可以反映消费者从其他消费者那里学习的倾向，也可以体现社会网络中消费者的学习能力或受影响倾向。$0 \leqslant \lambda \leqslant 1$，$\lambda$ 越大，表示社会化学习行为在影响后续消费者的认知中起的作用越大。$\lambda = 0$ 表示消费者之间没有社会化学习行为，而 $\lambda = 1$ 表示社会化学习行为在影响后续消费者的认知中完全占主导作用。经过这样的社会化学习，后期消费者的购买决策会同时受到其先验认知以及早期消费者囤货决策的影响。

另一种线性学习模型是 DeGroot（1974）首先提出来的，其核心思想在于个体的学习结果会受网络中相邻节点的影响，即对相邻节点的观点取加权平均的结果。在 DeGroot 模型中，最常用的加权平均模型如式（2-8）所示，其中 a_{ij} 代表 j 节点对 i 节点的影响权重，$\mu_{jt}(\theta)$ 表示 j 节点在 t 时刻的状态。当需要考虑网络中相邻节点之间的相互影响时，可以选用 DeGroot 学习模型。

$$\mu_{it}(\theta) = \sum a_{ij}\mu_{jt}(\theta) \tag{2-8}$$

（2）贝叶斯学习模型。在贝叶斯学习模型中需要刻画消费者的先验认知并基于贝叶斯学习准则获得学习后的后验认知。下面以 Papanastasiou 和 Savva（2017）研究中的模型为例进行介绍。在贝叶斯学习模型中，学者通常假设消费者不了解产品的真实质量信息，消费者会通过现有顾客的产品评论信息了解产品的质量。具体而言，通常假设消费者 i 对产品质量的判断服从正态分布，记为 $q_i \sim N(\hat{q}, \sigma_q^2)$，其中对质量平均值 $\hat{q}$ 的认知是不确定的，是社会化学习的对象。通常将消费者对 $\hat{q}$ 的先

验认知用随机变量 $\tilde{q}_p$ 表示，并假设 $\tilde{q}_p \sim N(q_p, \sigma_p^2)$，不失一般性，可以假设 $q_p = 0$。后期采纳者可以从早期采纳者的产品评论中进一步学习产品的质量信息。设有 n_1 个顾客在早期购买并评论了该产品，并且这些评论的平均评分为 R，R 反映早期采纳者评估出的产品质量的平均水平，那些还未采纳产品的消费者通过早期购买者的产品评论学习产品质量信息，经过社会化学习之后对 $\hat{q}$ 的后验认知 $\tilde{q}_u$ 服从新的正态分布 $\tilde{q}_u \sim N(q_u, \sigma_u^2)$，其中：

$$q_u = \frac{n_1\gamma}{n_1\gamma + 1}R, \ \gamma = \frac{\sigma_p^2}{\sigma_q^2}, \ \sigma_u^2 = \sigma_p^2/(n_1\gamma + 1)$$

后验均值 q_u 是先验均值 $q_p = 0$ 与第一期评论 R 的平均评分之间的加权平均值。消费者对 R 的权重随着评论数量 n_1 和比率 γ 的增大而增加。直观地说，评论数量越多，平均评分就越可信。比率 γ 是对单个产品评估中事前质量不确定性程度与事后质量不确定性程度的比值。当 $\gamma = 0$ 时，社会化学习不起作用，即后验信念 $\tilde{q}_u$ 与先验信念 $\tilde{q}_p$ 相同。在这种情况下，社会化学习要么是(i)不相关的，因为没有事前的质量不确定性(即 "$\sigma_p^2 \to 0$")，因此没有什么可以从产品评论中学到的；要么是(ii)无用的，因为买家评论对未来的消费者没有关于产品质量的有用信息(即 "$\sigma_q^2 \to \infty$")。在另一个极端，当 $\gamma \to +\infty$ 时，社会化学习过程支配了后验认知：任何正的买家评论数量都会导致消费者完全放弃他们的先验认知。因此，通常可以称 γ 为社会化学习作用参数，更大的 γ 意味着社会化学习过程在塑造未来消费者的质量感知方面更有影响力。

(3) 拟贝叶斯学习模型(Quasi-Bayesian Learning)。这一学习方法是 Girón 和 Rios(1980) 提出的。该学习方法与贝叶斯学习方法的最大区别在于贝叶斯法则给出的先验概率是确定的，而拟贝叶斯学习模型中存在只能获取部分先验概率信息的情况，因此，先验概率是不确定的，是一个范围值或者服从一个分布。在行为经济学领域，Camerer 等(2004) 和 Rabin(2013) 对拟贝叶斯学习方法进行了详细介绍。拟贝叶斯学习方法一般应用在学习主体是有限理性(Bounded rationality) 的情形下。

2.3　影响力最大化问题

影响力最大化问题的研究对产品推广代理人选择、广告投放、舆情预警和控制等问题的决策具有重要意义，是社交网络领域非常重要的一个研究分支。本书第五章研究探讨了在网红营销时代，企业对网红的最优选择策略在根本上也属于社交网络中的影响力最大化问题。本书中的研究结合网红营销的新特征，进一步发展了社交网络中的影响力最大化问题。

经典的影响力最大化问题通常刻画为以下形式：给定网络图 $G(V, E)$、种子节点的数量 k 和某种信息传播模型，影响力最大化问题的目的在于寻找合适的种子节点集合 S，从这些种子节点开始传播信息以获得最大的信息传播范围（即激活节点数），其中集合 S 满足 $|S| = k$ 且 $S \subseteq V$。该问题最早由 Domingos 和 Richardson（2001）提出并应用于病毒营销中，其数学形式如式（2-9）所示：

$$S^* = \mathrm{argmax}(\sigma(S))$$
$$\mathrm{s.\,t.} \quad |S| = k, \ S \subseteq V \tag{2-9}$$

其中，$\sigma(S)$ 表示通过种子节点集合 S 进行信息传播能够获得的最终的信息传播范围，S^* 表示 $\sigma(S)$ 最大时的种子节点集合，即该问题的最优解。学者已经证明这类影响力最大化问题为 NP-hard 问题，通常需要通过启发式算法寻找近似最优解（Kempe 等，2003）。

在早期的影响力最大化模型中，学者通常只限定种子节点的数量而未对选择种子节点的成本进行考虑，或者有些学者假设选择每个种子节点的成本相同，这一假设与现实中的实际情况还有些偏差。随着研究的发展，现在的影响力最大化模型通常是考虑了种子节点的成本差异和企业的预算约束，这一类问题被学者称为预算约束下的影响力最大化问题，有时也简写为 BIM 问题（Budgeted Influence Maximization Problem）（Nguyen 和 Zheng，2013）。对这类问题的描述通常如下：

给定网络图 $G(V, E)$、网络中节点 i 作为种子节点的雇佣成本为 c_i、总预算 b 和某种信息传播模型，预算约束下的影响力最大化问题的数学形式如式（2-10）所示：

$$S^* = \mathrm{argmax}(\sigma(S))$$
$$\mathrm{s.\,t.} \ S \subseteq V \tag{2-10}$$
$$\sum_{v_i \in S} c_i \leqslant b$$

预算约束下的影响力最大化问题本质上是影响力最大化问题的一般形式，当网络中所有节点 $i \in V$ 的成本 $c_i = 1$ 且 $b = k$ 时，BIM 问题即转变成传统的影响力最大化问题，因此 BIM 问题同样是一个 NP-hard 问题。

2.4 节点影响力衡量指标

有效衡量节点的影响力对于识别网络中的意见领袖、找到信息传播的关键节点等问题有着重要意义，是利用启发式算法求解影响力最大化问题的关键步骤之一。学者们在选取种子节点时，首先要做的就是衡量网络中所有节点的影响力，随着研究的不断丰富，节点影响力的衡量方法和衡量指标也不断丰富，这里简要介绍社交网络领域最经典的几个影响力衡量指标，包括度中心性、介数中心性、接近中心性Bonacich 中心性和 k 核值等。在本书的第五章，作者进一步介绍了一些其他常用的中心性度量指标。

2.4.1 度中心性

度中心性(Degree Centrality) 是衡量节点影响力和重要性的最简单直接的指标，在无向网络中，它的计算方式如式(2-11) 所示：

$$DC(i) = \frac{d(i)}{N-1} \tag{2-11}$$

其中 $d(i)$ 表示节点 i 的度，N 表示网络的节点总数。这个式子表示度中心性是节点度的归一化形式，它在本质上与节点度所表达的含义相同。节点的度中心性越大，表示与它连接的节点就越多，在信息传播过程中能将信息传播到的节点就越多，因此它的影响力就越大。在有向网络中，节点度分为出度和入度，因此度中心性也分为出度中心性和入度中心性，一般来说出度中心性代表节点影响其他节点的能力大小，而入度中心性代表节点被其他节点影响的难易程度。

容易获取是度中心性在衡量节点影响力时的最大优势，但度中心性只考虑了节点在网络中的直接影响力，认为节点的邻居的质量没有差别，也忽略了节点自身在网络中的位置信息，因此其影响力衡量效果并不总是很好。

2.4.2 介数中心性

介数中心性(Betweenness Centrality) 通过计算网络中不相邻的两个节点间的最

短路径中包含节点 i 的最短路径的百分比来衡量节点 i 的影响力，其计算方式如式 (2-12) 所示：

$$BC(i) = \sum_{j \in V,\ k \in V} \frac{p_{jik}}{p_{jk}} \qquad (2-12)$$

其中 p_{jk} 表示从节点 j 到节点 k 的最短路径数目，p_{jik} 表示节点 j 到节点 k 的最短路径中经过节点 i 的最短路径数目。节点 i 的介数中心性刻画了当信息沿最短路径传播时节点 i 对信息的控制能力，本质上反映了网络中任意两个节点在传递信息时对节点 i 的依赖性。介数中心性越大表示节点 i 越重要，当从网络中剔除节点 i 后对信息传播范围的影响就越大。

介数中心性能够有效地衡量节点对网络中信息传播的影响能力，但它是基于网络中的信息总是沿着最短路径传播这一假设的，因此并不适用于所有情况，并且介数中心性的计算效率十分低下，如何快速、有效地计算网络中节点的介数中心性仍然是值得研究的问题。

2.4.3　接近中心性

接近中心性（Closeness Centrality）假设距离其他节点更近的节点拥有更大的影响力，它首先计算节点 i 到网络中其他所有节点的平均最短距离：

$$\overline{D_s}(i) = \frac{1}{N} \sum_{j \in V} D_s(i,\ j) \qquad (2-13)$$

其中 $D_s(i,\ j)$ 表示节点 i 到节点 j 的最短距离，即 i 到 j 的最短路径长度，接近中心性定义为节点 i 到网络中其他节点平均最短路径的倒数：

$$CC(i) = \frac{1}{\overline{D_s}(i)} = \frac{N}{\sum_{j \in V} D_s(i,\ j)} \qquad (2-14)$$

接近中心性刻画了节点将信息快速传播出去的能力，其值越大表示该节点到其他节点的距离越近，信息能够传播到网络中的其他节点的速度就越快。虽然接近中心性不再局限于节点的直接邻居，能够更有效地衡量节点的间接影响力，但是接近中心性的计算同样需要先寻找节点之间的最短路径，因此其计算效率也较低。

2.4.4　k 核值

k 核是网络图 G 的一个最大连通子图,其中所有节点的度都大于或等于 k。节点 i 的 k 核值可以通过 k 核分解方法得到:首先,移除网络中所有度为 1 的节点,然后继续移除网络剩余节点中度为 1 的节点,直到网络中只剩下度大于 1 的节点,则这些移除的节点的 k 核值为 1。用相同的方法移除网络中剩余的度为 2 的节点,则这些被移除的节点的 k 核值为 2。重复此过程,直到网络中的所有节点都被移除,此时每个节点都有一个 k 核值,表示它们在网络中的位置,k 核值越大,表明节点在网络中所处的位置越核心。

k 核值在度中心性的基础上进行延伸,不仅考虑了节点度的大小,还考虑了节点在网络中的位置,在衡量节点影响力或重要性时被认为是比度中心性更好的衡量指标(Kitsak 等,2010)。但是,通常一个网络中许多节点都具有相同的 k 核值,这些节点影响力的相对大小关系不能够被进一步判断,因此 k 核值只是对节点影响力大小的一个粗糙划分,往往需要结合其他指标来更精细地衡量节点影响力。

2.4.5　Bonacich 中心性

Phillip Bonacich 提出了对度中心性方法的修改,该方法被广泛认为优于原始测量方法(Hanneman,2005;Ballester 等,2006)。像大多数好的想法一样,Bonacich 的想法非常简单。原始的度中心性方法认为,拥有更多联系的节点影响力更大,因为它们可以直接影响更多其他行为者,但度中心性没有考虑节点邻居的连接情况,也即没有考虑节点对其他非直接邻居的影响。Bonacich 中心性则通过加权衰减的方式将从某一节点发出的所有的直接的和间接的影响都考虑在内。

考虑一个网络 g 的邻接矩阵 $\boldsymbol{G}$,选取一个较小的数 $a(a \in (0,1)$ 是一个可调参数)保证矩阵 $\boldsymbol{M}(g,a) = [\boldsymbol{I} - a\boldsymbol{G}]^{-1}$ 存在。当 a 较小时,矩阵 $\boldsymbol{M}(g,a)$ 满足:

$$\boldsymbol{M}(g,a) = [\boldsymbol{I} - a\boldsymbol{G}]^{-1} = \sum_{k=0}^{+\infty} a^k \boldsymbol{G}^k$$

$m_{ij}(g,a) = \sum_{k=0}^{+\infty} a^k g_{ij}^{[k]}$ 表示从节点 i 到节点 j 的步长为 k 的所有路径数,参数 a 是路径长度的衰减系数,则定义节点 i 的 Bonacich 中心性满足:

$$b_i(g, a) = \sum_{j=1}^{n} m_{ij}(g, a)$$

即节点 i 的 Bonacich 中心性等于从节点 i 发出的所有不同步长的路径数的加权和。在很多理论分析模型中，学者都推导出企业的最优决策与节点的 Bonacich 中心性之间的良好性质，如 Candogan 等（2012），Bloch 和 Quérou（2013）以及 Zhou 和 Chen（2016）等人的研究。

2.5　信息传播模型

在对社交网络中的信息传播过程进行建模时，通常会规定网络中的节点状态为激活状态（active）或未激活状态（inactive），其中，激活状态表示节点已接受信息，并可以将该信息传递给处于未激活状态的邻居节点；而未激活状态则表示节点还没有接收到邻居传来的信息或拒绝接受传播过来的信息，处于未激活状态的节点不会向邻居节点传递信息。当信息在社交网络中传播时，未激活的节点可通过接收信息而变成激活的节点，但激活节点一般不会重新变为未激活节点，下面简要介绍了三种最常用的信息传播模型。

2.5.1　SI 传染病传播模型

SI 模型是传染病传播模型中最简单的一种，最初是用来描述传染病在人群中的传播过程的，但鉴于传染病的传播过程与网络中信息的传播过程具有相似之处，因此也逐渐被用作一种信息传播模型。在 SI 模型中，规定网络中的节点总数 N 不变，节点的状态分为易感状态 S（Susceptible）和感染状态 I（Infectious），分别对应着一般信息传播模型中的未激活状态和激活状态，易感状态的节点在接触到感染状态的节点后以概率 β 被感染，但处于感染状态的节点不会变为易感状态。令 S_t 和 I_t 分别表示 t 时刻易感节点和感染节点的数量，则有 $N = S_t + I_t$，则 t 时刻网络中易感节点数量的减少速率为：

$$\frac{\mathrm{d}S_t}{\mathrm{d}t} = -\beta \times \frac{S_t \times I_t}{N} \tag{2-15}$$

感染节点数量的增加速率为：

$$\frac{\mathrm{d}I_t}{\mathrm{d}t} = \beta \times \frac{S_t \times I_t}{N} \qquad (2\text{-}16)$$

SI 模型的信息传播过程具体描述如下：

① 给定感染概率 $\beta \in (0, 1)$，确定初始时刻的感染节点集合 I_0，将 I_0 中所有节点的状态设置为感染状态，网络中的剩余节点状态均为易感状态，开始信息传播。

② 易感节点在接收到感染节点传播来的信息后，以概率 β 转变为感染节点，更新易感节点集合 S_t 和感染节点集合 I_t。

③ 不断重复步骤 ②，直至网络中没有处于易感状态 S 的节点。

2.5.2 线性阈值模型

线性阈值(Linear Threshold，LT) 模型是 Granovetter 于 1978 年提出的，该模型强调信息传播的累积影响。在有向图 $G(V, E, W)$ 中，节点 i 的入邻居集合 $N_{in}(i)$ 表示网络中所有指向节点 i 的节点的集合，出邻居集合 $N_{out}(i)$ 表示网络中所有节点 i 所指向的节点的集合，有向边 $e_{ij} \in E$ 上的权重 $w_{ij} \in W$ 表示节点 i 对其出邻居 j 的影响力大小。LT 模型要求每个节点的所有入邻居对该节点的影响力之和小于等于 1，即：

$$\sum_{j \in N_{in}(i)} w_{ji} \leq 1 \qquad (2\text{-}17)$$

在 LT 模型中，社交网络中的每个节点 i 都有一个被影响的阈值 θ_i，$\theta_i \in (0, 1)$，它表示 i 被影响的难易程度，θ_i 越大表示用户 i 越不容易被影响。在时刻 t，未激活节点 i 会受到其入邻居中已激活邻居的影响，当节点 i 受到的影响力之和超过它的阈值 θ_i 时，节点就会被激活；否则，节点 i 仍然保持未激活状态。令 A_t 表示 t 时刻网络中处于激活状态的节点集合，则节点 i 被激活的条件满足：

$$\sum_{j \in N_{in}(i) \cap A_t} w_{ji} \geq \theta_i \qquad (2\text{-}18)$$

LT 模型的信息传播过程具体描述如下：

① 给定每个节点的激活阈值 $\theta_i \in (0, 1)$，以及节点之间的影响力大小 $w_{ij} \in (0, 1)$，确定初始激活节点集合 A_0，将 A_0 中所有节点的状态设置为已激活，网络中的剩余节点状态设置为未激活，开始信息传播。

② 在 t 时刻，判断网络中每个未激活节点 $i(i \in V - A_t)$ 所受到来自其入邻居节

27

点的影响是否超过其阈值，即是否满足式(2-18)，如果满足，则节点 i 被激活，将节点 i 加入集合 A_{t+1} 中，否则节点 i 仍然保持未激活状态。

③ 不断重复步骤 ②，直至激活节点集合 A_t 不再变化。

2.5.3　独立级联模型

独立级联(Independent Cascade，IC) 模型是 Goldenberg 等于 2001 年提出的一种概率模型，该模型强调信息传播过程是传播者与接受者之间独立作用的结果。在有向图 $G(V，E，P)$ 中，同样地用 $N_{in}(i)$ 和 $N_{out}(i)$ 分别表示节点 i 的入邻居和出邻居集合，有向边 $e_{ij}(e_{ij} \in E)$ 上的概率值 $p_{ij}(p_{ij} \in P)$ 表示节点 i 激活其出邻居 j 的概率。IC 模型规定网络中的每个新激活节点仅有一次以概率激活其出邻居的机会，如果没有成功激活则不再进行尝试，且节点每次激活他人的尝试是独立的。

IC 模型的信息传播过程具体描述如下：

① 给定节点之间的激活概率 $p_{ij} \in (0，1)$，确定初始激活节点集合 A_0，将 A_0 中所有节点的状态设置为已激活，网络中的剩余节点状态设置为未激活，开始信息传播。

② 在 t 时刻，新激活的节点 $i(i \in (A_t - A_{t-1}))$ 以概率 p_{ij} 激活其处于未激活状态的出邻居 $j(j \in N_{out}(i) \& j \notin A_t)$，如果 j 被激活成功，则将节点 j 加入集合 A_{t+1} 中，否则节点 j 仍然保持未激活状态。

③ 不断重复步骤 ②，直至激活节点集合 A_t 不再变化。

2.6　本 章 小 结

本章归纳整理了与本书研究专题紧密相关的基础理论知识，主要包括社交网络的表示方法、社交影响的刻画方法、社交网络中经典的节点影响力衡量指标、影响力最大化问题以及基于社交网络的经典信息传播模型等相关内容，为后续研究提供了必要的背景知识和理论基础。读者如果对更多相关基础知识感兴趣，可以参见汪小帆、陈翔和陈关荣编著的《网络科学导论》一书。在本书后续的研究中，作者进一步丰富了现有理论，提出了新的影响力衡量方法和信息传播模型。

第3章　社交网络中考虑战略顾客行为的差别定价策略研究

本章研究了企业最优差别定价策略与消费者社交网络结构之间的互动机理，并分析了一家企业基于社交网络对一款新上市产品的推广策略。与现有的相关研究不同，该篇研究将消费者的购买决策分为两个阶段。在第一阶段，一些非常喜欢产品的消费者会选择购买产品；而另一些消费者希望将购买决策推迟到第二阶段以期从早期采用者那里获取更多产品信息和产品使用经验，也就是消费者会战略性地选择购买时间。这也意味着第二期采用者可以从早期采用者那里获得好处，也就是大家熟知的产品的正的网络外部性，当然第二期采用者需要承担由于延迟消费导致的效用折扣。研究发现，首先，当产品的网络外部强度低于特定水平时，企业在两个销售期应该采取涨价策略，也就是企业采用一个较低的产品上市价以吸引早期采用者，其次，到了第二期企业提高产品价格以获取更多利润。调查显示，约2/3的消费者表示如果他们能够从早期的采用者那里获得有价值的产品信息，他们能够接受比产品初上市时15%的涨价。然而，当产品的网络外部性强度非常显著时，企业对部分消费者采取第一期高价然后第二期降价的策略也可能是最优的。再次，网络结构对产品推广效果有显著影响。例如，当网络外部性强度低于特定水平时，通过多个相互连接的小网红网络进行产品推广更有效；而当网络外部性强度高于特定水平时，通过少数大网红网络进行产品推广更有效。最后，研究通过对规则网络、星型网络等网络中产品推广策略的分析，量化了基于社交网络结构优化产品推广策略的价值，如果企业忽视具体网络结构，可能导致50%的利润损失。

3.1　引　　言

社交网络在今天的消费者群体和企业之间扮演着非常重要的角色。Statista 2022 年的统计数据显示，截至 2022 年春季，Facebook 的活跃用户数为 29.1 亿，Instagram 的活跃用户数为 14.8 亿，微信的活跃用户数为 12.6 亿。在庞大的社交媒体的支撑下，消费者之间的沟通更加方便和频繁，消费者被紧密地连接在社交网络中。越来越多的消费者倾向于从社交网络中其他消费者那里获取产品信息，并且购买决策会受到社交网络中其他消费者购买选择的影响。调查数据显示，Facebook 已成为消费者发现新品牌的首要渠道；81%的消费者表示，朋友在社交媒体上发表的产品评论会直接影响他们的购买决定；76%的消费者最终会购买他们在社交媒体上发现的产品（Hussain，2017；STNTV，2018；MarketingCharts，2019）。

鉴于社交网络的巨大影响，企业适应新的社交网络环境至关重要。已有一些企业给具有较高社会影响力的消费者提供更多折扣甚至免费产品，以激励他们采用并推广产品（Zenith，2012；Hostelsclub，2018）。例如，斯德哥尔摩的豪华酒店北欧之光采用了一种基于社交网络的差别定价方法，如果客户在 Facebook 或 Instagram 等社交平台上拥有更多的粉丝并同意在社交媒体账户上发布酒店的相关照片，那么酒店就会给客户提供更多的价格折扣（Fainmesser 和 Galeotti，2020）。索尼为新相机产品推出了名为 Alpha Collective Program 的网红营销方案。索尼招募具有较高社会影响力的摄影爱好者加入该项目，并承诺如果项目成员同意在他们发布摄影作品时标记所使用的索尼相机信息并提供一些关于相机使用方法的介绍，那么索尼公司将为这些成员提供免费的索尼相机产品（Newcomb，2020）。在这些基于社交网络的差别定价实践案例中，企业利用了社交网络中节点粉丝数的信息。越来越多的品牌与大数据分析公司合作，收集并处理社交网络数据，以期进一步挖掘社交网络的价值（Bloch 和 Quérou，2013；Fainmesser 和 Galeotti，2020）。

国内外学者也开始关注企业如何利用社交网络结构信息进一步优化产品定价策略，例如，Candogan 等（2012）以及 Cohen 和 Harsha（2020）的研究。整体而言，基于消费者社交网络结构的差别定价策略的基本思想是：企业可以基于消费者对其他消费者的影响力为其提供价格折扣；与此同时，企业应基于每个消费者从其他消费者那里获取的正向外部效用收取一定的价格溢价。现有的关于社交网络中的差别定价问题的研究通常假设所有消费者在同一时间窗作决策，研究仅分析了单一销售期的静态差别定价策略。然而，在实际情况下，新产品或新技术的扩散和采纳并不是在很短时间内发生的。相反，新产品的扩散和采纳过程通常是一部分消费者先采纳产品，而另一些消费者可能会选择延迟购买并希望从早期采用者（特别是他们信任的社交朋友）那里获取更多关于产品功能和使用体验的信息，然后再决定是否采用产品（Rogers，2010），也就是消费者具有战略性购买行为。现有研究尚不能回答企业应如何基于社交网络结构更好地激励一些消费者先采纳产品并为企业吸引更多后续顾客。基于此，笔者提出了本章的研究问题。

本章研究分析了企业基于消费者之间一般性网络结构的两阶段产品差别定价问题。研究通过一般化的网络邻接矩阵刻画了消费者之间影响力的异质性，例如，朋友或意见领袖的影响力通常比其他普通消费者的影响要大得多。研究分析了这样一类商品，这类商品呈现出"延迟的正向网络外部性"。这里延迟的正向网络外部性指的是在后期购买产品的消费者可以从早期已经购买了该产品的消费者那里获取一个正的网络外部效用，而早期的用户不能享受这种外部效用（Bensaid，1998）。以新推出的技术产品为例，早期采用者可以在社交网络中分享产品相关信息，这降低了第二期消费者的信息搜索成本，进而提高了第二期消费者的消费效用（Newcomb，2020）。此外，后期用户可以从他们已经使用过产品的邻居或好友那里获得关于如何有效使用或维修产品的技术支持，这也是一种正的网络外部性（Kim，2019）。几乎所有新上市的耐用商品都具有类似于以上两种延迟的正向网络外部性。研究重点分析了以下三个问题：第一，消费者社交网络结构会如何影响消费者的战略型购买决策？第二，零售商应如何利用其获取的消费者社交网络结构信息设计最优的产品差别定价策略？这里差别定价策略指的是在同一个销售期内，零售商可以对不同的消费者设置不同的价格。第三，基于消费者社交网络结构的差别定价策略能够给企业创造多大的利润改善？

研究的主要发现如下。首先，研究证明了消费者最优购买决策遵循的阈值准则。具体而言，基于消费者对产品的估值可以将消费者分成三组：对产品估值高的消费者会选择在第一期购买产品，对产品有中等水平估值的消费者会选择在二期购买产品，对产品估值特别低的消费者不会购买该产品。对于不同的消费者，他们可能有不同的估值阈值，该阈值由产品在两期的销售价格、网络结构、时间折扣效应和网络外部性强度等因素决定。

其次，研究推导了在一般性社交网络结构下企业在两个销售期的最优差别定价策略，研究结果揭示了企业最优定价策略与不同社交网络结构之间的互动机理。研究结果显示，当网络外部性强度低于特定阈值且消费者之间的影响矩阵对称时，企业采取加价策略是最优的，即在第一个销售期以更低的价格吸引早期采用者，然后在第二个销售期提高价格以从网络外部性效应中获取额外利润。此外，对每个消费者在第二期收取的价格溢价与该消费者的邻居数成正比。然而，当网络外部性特别显著时，企业可以从部分消费者的延迟消费中获益，因为潜在消费者在第二个销售期的支付意愿显著提高了。在这种情况下，企业可以为部分消费者设定较高的第一阶段价格以将这些消费者的购买推迟到第二期。这也意味着当网络外部性强度特别显著时，对部分消费者实施第二期降价策略也可能是最优的。除了一般性网络结构下的最优定价策略，研究还进一步分析了规则网络和星型网络等特殊网络下最优定价策略和最优利润的性质。

再次，研究进一步探究了网络连接特性和网络拓扑结构如何影响企业的最优定价策略和利润。首先，通过对完全-星型网络族下最优定价策略和利润的分析，研究探讨了消费者之间影响倾向的不平衡性如何影响最优定价策略。研究结果显示，在第一个销售期，企业应向那些具有较大影响倾向的消费者收取更低的价格。其次，基于对同构 Erdös Rényi 随机网络和异构无标度网络下企业利润的对比，以及对最优利润随网络节点度方差之间变化趋势的仿真，研究分析了节点连接度的异质性对企业最优利润的影响，研究结果显示社交网络中消费者连接度的异质性有利于提升企业利润。最后，研究比较了在多个小网红网络与少数大网红网络中产品推广效果的差异。研究发现，当网络外部性强度较低时，通过多个相互关联的小网红网络进行产品推广更有效；而当网络外部性强度较高时，通过少数大网红网络推广产品效果更佳。

最后，研究进一步分析了不同网络结构下的最优统一定价策略，这里的统一定价策略指在同一个销售期，零售商对所有消费者收取相同的价格。研究评估了统一定价或忽略消费者网络结构定价所造成的损失。结果表明，随着网络外部性强度的增加，在一定条件下，统一定价或忽视消费者网络结构定价所造成的损失是非常显著的。例如，在规则网络中，如果企业假设消费者是完全连接的，那么企业可能会损失超过最优利润的50%。

3.2 文 献 综 述

本章主要贡献于企业基于消费者社交网络特征的最优产品定价策略的相关研究。根据这一领域相关文献对社交网络中社会化影响的不同刻画方式，可以将它们大致分为两类：第一类是通过网络外部性的方式刻画社会化影响并分析企业基于这种网络外部性影响的最优定价策略；第二类是通过社会化学习模型刻画消费者之间的相互影响并分析企业基于消费者社会化学习行为的定价问题。

1. 基于网络外部性的定价问题

网络外部性通常是指消费者对产品的使用会对其同伴的使用效用产生积极影响的效应（Katz 和 Shapiro，1986）。在基于网络外部性的单阶段定价问题中有几篇很重要的文献，分别是 Candogan 等（2012），Bloch 和 Quérou（2013），以及 Cohen 和 Harsha（2020）的研究。Candogan 等（2012）分析了垄断企业基于消费者社交网络结构的最优定价问题。模型中作者假设消费者被连接在一个一般性的社交网络中，用网络的邻接矩阵来刻画消费者之间的影响关系。消费者决策产品的购买量。作者假设产品具有正的网络外部性，具体指的是消费者可以从网络邻居的消费行为中得到一个正的效用。研究发现，在均衡时，对每个消费者收取的最优价格可分为三部分：一是独立于网络结构的、只与产品本身价值相关的一个量；另一个是卖家基于消费者对其他消费者的影响能力而为其提供的一个价格折扣，这一价格折扣与消费者在网络中的 Bonacich 中心性成正比；最后卖家还会基于消费者从其他消费者那里获得的影响向消费者收取一个价格溢价。Bloch 和 Quérou（2013）也研究了当产品存在这种正的网络外部性时，企业的最优产品定价策略。与 Candogan 等（2012）的研究不同，作者采用了线性效用函数刻画网络外部效应，同时作者还将问题拓展到有两个卖家的双寡头竞争市场下的社交网络定价问题。Cohen 和 Harsha(2020)使用混合整数规划来求解具有局部网络外部性的产品的最优静态差别定价策略。这几篇研究均刻画了一般性网络结构中的网络外部效应，即一个消费者只能直接影响其网络邻居或被其网络邻居影响，而不能直接影响其他消费者。

Shi(2003)分析了企业基于通信网络中呼叫者之间联系强度的最优差异化定价策略。结果表明，公司为沟通较频繁的朋友和家人之间的通信提供价格折扣可能改善企业利润。Fenmesser 和 Galeotti(2016)研究了企业基于社交网络中消费者对其他消费者的影响力以及消费者从其他消费者那里获得的影响这两方面进行差别定价的问题。研究发现，在最优定价策略中，企业会基于消费者对其他消费者的影响力为消费者提供价格折扣；同时，企业会基于消费者从其他消费者那里获取的影响而收取一定的价格溢价。Sääskilahti(2015)研究了社交网络中网络的连接效应(例如与其他消费者的连接数量)和网络的拓扑效应(例如星型拓扑结构)对商品最优定价策略的影响，研究结果验证了网络拓扑效应通常在决定企业最优价格策略和企业的利润中起主导作用。李锋和魏莹(2017)利用仿真的方法分析了当消费者被连接在一个小世界网络中并且消费者之间存在相互影响时，卖家的产品定价策略。研究发现，当消费者从网络邻居那里受到的影响增大时，卖家可以提高对该消费者的产品价格。Zhang 和 Chen(2020)研究了当战略型消费者拥有关于自身在网络中的位置的私有信息时，社交网络中的最优非线性定价问题。Huang 等(2021)提供了一个开创性的研究框架，用于评估在大型社交网络中实施差异化定价策略的价值。

上述研究主要分析了在社交网络中的单阶段差别定价问题，还有一些研究探究了基于网络外部性的动态定价问题。例如，Bensaid 和 Lesne(1996)研究了具有延迟网络外部性产品的两期动态定价问题。研究结果表明，当产品具有延迟的正的网络外部效应时，企业在第二期涨价是最优的。Cabral 等(1999)也研究了具有网络外部性的产品的动态定价策略。研究结果也验证了对于公司来说，使用较低的上市价格来吸引早期用户，并为后期用户提高价格通常是最优的。Shin(2017)分析了垄断零售商的多期动态定价问题，模型刻画了产品采纳率对潜在顾客产品采用决策的影响。Ajorlou 等(2018)研究了当社交网络中的口碑传播成为产品信息传播的唯一方式时，企业的动态定价问题。Hu 等（2020）研究了具有网络外部性产品的销量信息披露和动态定价问题。在这些基于网络外部性的动态定价模型中，学者通常假设后期消费者的购买决策会受到所有早期采用者的影响，即作者假设社交网络中的节点是全连接的。这些研究没有考虑一个消费者可以影响一些消费者，但不能影响所有消费者的现实情景，也就是没有考虑一般化的网络结构，只是简单地假设消费者是全连接在一起的。

除了大量关于正网络外部效应的文献外，一些学者还分析了部分产品的负网络外部效应，也就是产品的使用效用会随着采用者的增加而降低，常见的如奢侈品等。例如，Hashimoto 和 Matsubayashi（2014）的研究，作者发现，当产品具有负的网络外部效应时，卖家采用递减的动态定价策略最优的。

2. 基于社会化学习的定价问题

社会化学习模型考虑潜在顾客可以从现有采用者的产品评论中学习更多关于产品的信息，如产品的质量信息等。Jing（2011）研究了社交网络中耐用品的动态定价问题，在模型中，第二阶段消费者很可能通过社会学习发现他们真实的产品估值。Yu 等（2016）研究了当消费者可能会战略性地推迟购买以等待社交网络中早期用户提供的产品质量信息时，企业的动态定价策略。在研究中，作者还考虑了企业的战略行为，即企业可以战略性地通过第一期价格来控制潜在消费者能够获取的产品质量信息流。Papanastasiou 和 Savva（2017）也研究了垄断企业基于消费者社会化学习行为的最优动态定价策略，在模型中，战略型消费者可以从社交网络中早期购买者发布的产品评论中学习产品质量信息。研究结果表明，当消费者有社会学习行为时，在预先宣布（pre-announced）的动态定价策略中，递增的动态定价策略是最优的。Crapis 等（2017）研究了当消费者进行序列决策且后期消费者通过现有消费者的产品评论更新其对产品质量的认知时，企业最优的动态定价策略。

3. 本章研究的主要贡献

本章研究了企业基于社交网络结构对具有网络外部性产品的最优两阶段差别定价问题，研究模型考虑了一般化的网络结构以及消费者的战略型购买行为。本章的研究与现有文献的主要区别在于：第一，与社交网络中的单阶段差别定价问题（例如 Candogan 等，2012；Bloch 和 Quérou，2013；Cohen 和 Harsha，2020 的研究）不同，本章在考虑延迟的网络外部性和消费者的战略型购买行为的基础上，分析了两阶段的动态定价问题。第二，与现有的考虑网络外部性的动态定价问题不同（例如 Bensaid 和 Lesne 1996，Hu 等，2020），本章研究考虑了一般化的社交网络结构，分析了社交网络结构和特征如何影响消费者的战略型购买决策和卖家的差别定价策略以及利润。本章还评估了统一定价或忽略消费者网络结构的定价策略可能导致的利润损失，探讨了基于社交网络的差别定价策略的价值。

3.3 一般性网络结构下的差别定价模型

研究模型考虑一家企业在两个销售期内向潜在消费者销售一种新产品，例如一款新的科技产品。企业通过社交平台推广产品。研究旨在为企业设计最优的基于社交网络的差别定价策略以实现企业利润的最大化。博弈模型的主要事件顺序如下。首先，在产品销售初期，企业公布两个时期的定价策略 $\boldsymbol{p}_1$ 和 $\boldsymbol{p}_2$。$\boldsymbol{p}_1$ 表示产品初上市时的发售价格，$\boldsymbol{p}_2$ 表示产品后期的售卖价格。对于不同的消费者，企业可以收取不同的价格，因此 $\boldsymbol{p}_1$ 和 $\boldsymbol{p}_2$ 均是 $n \times 1$ 的列向量。本章研究用小写粗体字母表示向量，大写粗体字母表示矩阵。$\boldsymbol{p}_1$ 和 $\boldsymbol{p}_2$ 的第 i 个分量分别表示零售商在第 1 期和第 2 期向消费者 i 收取的价格，分别用 p_{i1} 和 p_{i2} 表示。为了保证能够分析社交网络中消费者的战略型购买行为，本章研究只考虑了企业采用预先宣布的动态定价策略的情形，这也是分析消费者战略型购买行为的相关研究中常用的假设（例如，Bensaid 和 Lesne，1996；Aviv 和 Pazgal，2008）。为了能够求得模型的解析解，研究假设潜在消费者可以获得价格向量 $\boldsymbol{p}_1$ 和 $\boldsymbol{p}_2$ 的信息。这一假设也与企业的一些实践案例相吻合。例如，当企业基于消费者在社交网络中的粉丝数进行差异化价格折扣时，企业会提供一个常规的制造商建议零售价和一个公开的基于粉丝数的价格折扣方案，这一方案对所有潜在消费者公开。此外，潜在消费者通常可以观察到网络中其他节点在社交平台上的粉丝数，结合这些信息消费者可以推测出到企业向网络中其他节点收取的价格信息（Zenith，2012；Hostelsclub，2018；Fainmesser 和 Galeotti，2020）。

社交网络中共有 n 个潜在消费者，在第 2 期购买产品的消费者将从第 1 期已经购买产品的网络邻居那里获得正的网络外部效用，即延迟的局部正网络外部效用。本章使用影响矩阵 G 来表示消费者之间的影响。矩阵 G 的第 i 行第 j 列元素 g_{ij} 表示节点 j 对节点 i 的影响强度，假设 $g_{ij} \geqslant 0$，这表示消费者之间的影响是非负的，换句话说，如果消费者 j 购买了产品，那么消费者 i 会更倾向于购买产品。此外，在一个一般性的社交网络中，矩阵元素 g_{ij} 可能与 g_{ji} 不相等，这意味着消费者 j 对 i 的影响可以不等于消费者 i 对 j 的影响，即消费者之间的影响程度可以是不对等的。研究将 g_{ii} 标准化为 0，即不考虑消费者自身对自身的影响。每个消费者在这两个销售期最多需要一单位的产品。随着产品的推出，消费者对它有不同的估值。消费者 i 确切知道自己对产品的估值，但不知道其网络邻居对产品的准确估值，只知道邻居对产品的估值分布服从于 [0, 1] 区间上的均匀分布。企业也只知道潜在顾客对产品的估值服从 [0, 1] 区间上的均匀分布。研究用 θ_i 表示消费者 i 的产品价值，$\theta_i \in [0, 1]$，用 $F(\cdot)$ 表示 θ_i 的累积分布函数。

3.3.1　消费者的购买决策

在第 1 个销售期，消费者 i 在观察到企业的定价策略后，决定是在第 1 期购买还是等到第 2 期再看。消费者的权衡是延迟购买将可以从早期采用产品的邻居那里获得正的网络外部性，但需要承担由于延迟消费而产生的效用折扣。消费者 i 预期：如果在第 1 期购买产品，可以获得的效用为：

$$u_{i1}(\theta_i,\ p_{i1}) = \theta_i - p_{i1} \tag{3-1}$$

如果第 2 期购买产品，可以获得的效用为：

$$u_{i2}(\theta_i,\ p_{i2}) = \delta_1 \left(\theta_i - p_{i2} + k \sum_j g_{ij} \Pr.\,(j\,在第\,1\,期购买) \right) \tag{3-2}$$

其中 δ_1 是消费者延迟消费的效用折现因子 $(0 < \delta_1 < 1)$，k 衡量网络外部性对消费者效用影响的强度 $(k \geqslant 0)$。$\Pr.\,(A)$ 表示事件 A 发生的概率。消费者 i 预期如果在第二期购买产品，其可以从邻居那里获得的期望的总的网络外部效用为 $\sum_j g_{ij}$ $\Pr(j\,在第\,1\,期购买)$。由于消费者的估值分布和网络结构是共同信息，消费者 i 可以估计节点 j 在第 1 期购买产品的概率，即 $\Pr.\,(j\,在第\,1\,期购买)$。这种网络结构是共同知识的假设在研究基于社交网络的定价问题时常被用到，例如 Candogan 等

(2012)，Bloch 和 Quérou（2013），以及 Bimpikis 等（2016）的研究。

在第 2 个销售期，那些还未购买产品的消费者决定是否购买产品。本章研究遵循理性预期假设，即假设在第 2 期消费者 i 购买产品时获得的网络外部效用刚好与消费者 i 在第一期决定是购买还是推迟购买时预期的网络外部效用一致。理性预期假设通常用于分析消费者的前瞻性行为，例如，Bensaid 和 Lesne（1996）和 Papanastasiou 和 Savva（2017）的研究。此外，理性预期假设对本章研究考虑的局部的网络外部效应也很适用。因为，在理论上消费者 i 需要准确知道他的每个邻居是否在第 1 期购买了产品后才能够准确知道其获得的网络外部效用，这种信息需要消费者向邻居一一询问才能获得，这是对信息过于严苛的假设，此时可以使用理性预期假设很好地解决这个问题。

可以证明消费者 i 的购买决策遵循阈值准则。分别用 θ_{i1} 和 θ_{i2} 表示消费者 i 选择在第 1 期和第 2 期购买产品的最低产品估值，当产品估值高于 θ_{i1} 时，消费者 i 会在第 1 期购买产品，当产品估值在 θ_{i2} 和 θ_{i1} 之间时，消费者 i 会在第 2 期购买产品。基于式（3-1）和式（3-2）中消费者的效应函数可以证明 $u_{i1}(\theta_i, p_{i1}) - u_{i2}(\theta_i, p_{i2})$ 关于 θ_i 递增，且 θ_{i1} 和 θ_{i2} 满足以下式（3-3）和式（3-4）。

$$\theta_{i1} - p_{i1} = \delta_1 \left(\theta_{i1} - p_{i2} + k \sum_j g_{ij}(1 - F(\theta_{j1})) \right) \tag{3-3}$$

$$\delta_1 \left(\theta_{i2} - p_{i2} + k \sum_j g_{ij}(1 - F(\theta_{j1})) \right) = 0 \tag{3-4}$$

式中 $(1 - F(\theta_{j1}))$ 表示消费者 j 在第 1 期购买的概率。式（3-3）表示，对于估值为 θ_{i1} 的消费者 i，在第 1 期或第 2 期购买产品的效用无差异。式（3-4）表示，对估值为 θ_{i2} 的消费者 i 在第 2 期购买或不购买获得的效用无差异。式（3-3）和式（3-4）包含了理性预期假设，也就是式中体现的消费者 i 在第一期预期的可以获得的网络外部效用刚好等于第二期购买时获得的实际的网络外部效用，均为 $k \cdot \sum_j g_{ij}(1 - F(\theta_{j1}))$。研究令 $x_i = 1 - F(\theta_{i1})$ 和 $y_i = F(\theta_{i1}) - F(\theta_{i2})$，分别表示消费者 i 在第 1 期和第 2 期购买产品的概率。

由式（3-3）可知，消费者 i 在第 1 期购买的估值阈值的大小有三种可能的情况：(i)$0 \leqslant \theta_{i1} \leqslant 1$，(ii)$\theta_{i1} < 0$，(iii)$\theta_{i1} > 1$。当 $0 \leqslant \theta_{i1} \leqslant 1$ 时，消费者 i 在第 1 期购买的概率满足 $x_i = 1 - F(\theta_{i1}) = 1 - \theta_{i1}$；如果 $\theta_{i1} < 0$，这表示消费者 i 在第 1 期一定会

购买产品，即 $x_i = 1$；而当 $\theta_{i1} > 1$ 时，表示消费者 i 在第 1 期不会购买产品，即 $x_i = 0$。在第 2 期，市场上剩余的消费者估值上限为 $1 - x_i$。由式(3-4) 可知，消费者 i 在第 2 期购买的估值阈值也存在三种情况：（i）$0 \leqslant \theta_{i2} \leqslant 1 - x_i$，（ii）$\theta_{i2} < 0$，（iii）$\theta_{i2} > 1 - x_i$。当 $0 \leqslant \theta_{i2} \leqslant 1 - x_i$ 时，消费者 i 在第 2 期购买的概率满足 $y_i = 1 - x_i - \theta_{i2}$。当 $\theta_{i2} < 0$ 时，消费者 i 在第 2 期购买的概率满足 $y_i = 1 - x_i$。当 $\theta_{i2} > 1 - x_i$ 时，消费者 i 在第 2 期不会购买产品，即 $y_i = 0$。根据式(3-3) 和式(3-4)，可以得到以下关于消费者期望需求的命题 3.1。

命题 3.1：对于消费者 $i(i \in \{1, 2, \cdots, n\})$，有：

$$
x_i = \begin{cases}
0 & \text{如果} \dfrac{p_{i1}}{(1 - \delta_1)} - \dfrac{\delta_1 p_{i2}}{(1 - \delta_1)} + \dfrac{\delta_1 k}{(1 - \delta_1)} \sum_j g_{ij} x_j > 1 \\[3mm]
1 & \text{如果} \dfrac{p_{i1}}{(1 - \delta_1)} - \dfrac{\delta_1 p_{12}}{(1 - \delta_1)} + \dfrac{\delta_1 k}{(1 - \delta_1)} \sum_j g_{ij} x_j < 0 \\[3mm]
1 - \dfrac{p_{i1}}{(1 - \delta_1)} + \dfrac{\delta_1 p_{i2}}{(1 - \delta_1)} - \dfrac{\delta_1 k}{(1 - \delta_1)} \sum_j g_{ij} x_j & \text{否则}
\end{cases} \tag{3-5}
$$

$$
y_i = \begin{cases}
0 & \text{如果} \, p_{i2} - k \sum_j g_{ij} x_j > 1 - x_i \\[3mm]
1 - x_i & \text{如果} \, p_{i2} - k \sum_j g_{ij} x_j < 0 \\[3mm]
1 - x_i - p_{i2} + k \sum_j g_{ij} x_j & \text{否则}
\end{cases} \tag{3-6}
$$

消费者 i 的期望需求是价格向量 $\boldsymbol{p}_1$ 和 $\boldsymbol{p}_2$ 的函数。基于消费者对产品的估值和卖家所收取的价格，消费者的购买决策可以存在几种不同的情景。由于不同的消费者可能有不同的估值阈值，不同消费者的购买决策可能落入不同的情景，在一般的网络结构下很难将所有可能的决策情景都分析一遍。因此，在接下来的分析中，研究主要关注对所有消费者 i 都满足 $0 \leqslant \theta_{i2} \leqslant \theta_{i1} \leqslant 1$ 的内部均衡解。在第 3.4 节中，给定一些特殊的网络拓扑结构，例如规则网络和星型网络，研究可以进一步分析不同边界情形下的最优定价策略，并解出全部可行域内的最优定价策略。

由命题 3.1 可知，当 $0 \leqslant \theta_{i2} \leqslant \theta_{i1} \leqslant 1$ 时($i \in \{1, 2, \cdots, n\}$)，消费者 i 的期望需求满足：

$$
1 - x_i = \frac{p_{i1}}{(1 - \delta_1)} - \frac{\delta_1 p_{i2}}{(1 - \delta_1)} + \frac{\delta_1 k}{(1 - \delta_1)} \sum_j g_{ij} x_j
$$

$$1 - x_i - y_i = p_{i2} - k \sum_j g_{ij} x_j$$

将这些方程用矩阵形式表示，可得：

$$1 - \frac{1}{(1 - \delta_1)} \boldsymbol{p}_1 + \frac{\delta_1}{(1 - \delta_1)} \boldsymbol{p}_2 = \left[\boldsymbol{I} + \frac{\delta_1 k}{(1 - \delta_1)} \boldsymbol{G} \right] \boldsymbol{x} \qquad (3\text{-}7)$$

$$\boldsymbol{p}_2 = 1 - (\boldsymbol{I} - k\boldsymbol{G}) \boldsymbol{x} - \boldsymbol{y} \qquad (3\text{-}8)$$

由式(3-7)和式(3-8)可推导出 $\boldsymbol{p}_1(\boldsymbol{x}, \boldsymbol{y})$ 和 $\boldsymbol{p}_2(\boldsymbol{x}, \boldsymbol{y})$：

$$\boldsymbol{p}_1(\boldsymbol{x}, \boldsymbol{y}) = 1 - \boldsymbol{x} - \delta_1 \boldsymbol{y} \qquad (3\text{-}9)$$

$$\boldsymbol{p}_2(\boldsymbol{x}, \boldsymbol{y}) = 1 - \boldsymbol{y} - (\boldsymbol{I} - k\boldsymbol{G}) \boldsymbol{x} \qquad (3\text{-}10)$$

此外，当 $0 \leqslant \boldsymbol{\theta}_2 \leqslant \boldsymbol{\theta}_1 \leqslant 1$ 时，有 $\boldsymbol{\theta}_1 = 1 - \boldsymbol{x}$ 和 $\boldsymbol{\theta}_2 = 1 - \boldsymbol{x} - \boldsymbol{y}$。

3.3.2　最优差别定价策略

企业的定价策略优化问题如(3-11)式所示。目标函数中的第一(第二)项表示企业在第 1(2) 期的期望利润，δ_2 表示企业第 2 期利润的时间贴现因子($0 < \delta_2 < 1$)。

$$\begin{aligned}
\max_{[\boldsymbol{x}, \boldsymbol{y}]} \pi \;\; &= \boldsymbol{p}_1^T(\boldsymbol{x}, \boldsymbol{y}) \cdot \boldsymbol{x} + \delta_2 \boldsymbol{p}_2^T(\boldsymbol{x}, \boldsymbol{y}) \cdot \boldsymbol{y} \\
\text{s. t.} \;\;\;\; &\boldsymbol{p}_1(\boldsymbol{x}, \boldsymbol{y}) = 1 - \boldsymbol{x} - \delta_1 \boldsymbol{y} \\
&\boldsymbol{p}_2(\boldsymbol{x}, \boldsymbol{y}) = 1 - \boldsymbol{y} - (\boldsymbol{I} - k\boldsymbol{G}) \boldsymbol{x} \\
&\boldsymbol{x} \geqslant 0, \; \boldsymbol{y} \geqslant 0, \; \boldsymbol{x} + \boldsymbol{y} \leqslant 1
\end{aligned} \qquad (3\text{-}11)$$

为了求解问题(3-11)，研究首先定义以下条件 1。条件 1 可以保证问题(3-11)最优解的存在性和唯一性。定义 $\boldsymbol{R} = \left(\dfrac{\delta_1 + \delta_2}{2\delta_2} \boldsymbol{I} - \dfrac{k\boldsymbol{G}}{2} \right) \left(\dfrac{\delta_1 + \delta_2}{2\delta_2} \boldsymbol{I} - \dfrac{k\boldsymbol{G}^T}{2} \right)$，$\boldsymbol{T} = [\boldsymbol{I} - \delta_2 \boldsymbol{R}]^{-1}$。用 $(\boldsymbol{M})_{ij}$ 表示任意矩阵 $\boldsymbol{M}$ 的第 ij 项，定义 $T_i = \sum\limits_{j=1}^{n} (\boldsymbol{T})_{ij}$，$A_i = \sum\limits_{j=1}^{n} (\boldsymbol{T}\boldsymbol{G})_{ij}$，$B_i = \sum\limits_{j=1}^{n} (\boldsymbol{G}^T\boldsymbol{T})_{ij}$，$C_i = \sum\limits_{j=1}^{n} (\boldsymbol{G}^T\boldsymbol{T}\boldsymbol{G})_{ij}$。

条件 1：(i) $\lambda(\boldsymbol{R}) < \dfrac{1}{\delta_2}$；(ii) 对于任意 $i \in \{1, 2, \cdots, n\}$，参数 δ 和 k 满足

$$-\frac{(\delta_2^2 - \delta_1^2)}{8\delta_2} T_i - \frac{(\delta_2 + \delta_1)k}{8} A_i + \frac{(\delta_2 - \delta_1)k}{8} B_i + \frac{\delta_2 k^2}{8} C_i \geqslant -\frac{1}{2}, \quad \frac{(\delta_2 - \delta_1)}{4\delta_2} T_i + \frac{k}{4} A_i$$

$$\geqslant 0 \text{ 和 } \frac{(\delta_2 - \delta_1)(2 - \delta_2 - \delta_1)}{8\delta_2} T_i + \frac{(2 - \delta_2 - \delta_1)k}{8} A_i + \frac{(\delta_2 - \delta_1)k}{8} B_i + \frac{\delta_2 k^2}{8} C_i$$

$$\leqslant \frac{1}{2}。$$

在条件1中，$\lambda(\boldsymbol{R})$ 表示矩阵 $\boldsymbol{R}$ 的任意特征值，条件 $\lambda(\boldsymbol{R}) < \frac{1}{\delta_2}$ 保证 π 的海塞矩阵是负定的，这保证了问题(3-11)的无约束版本的均衡价格的存在性和唯一性。条件1的第(ii)部分确保问题(3-11)的无约束版本的最优解也满足原始约束，因此是原始问题(3-11)的最优解。

定理3.1：当条件1成立时，最优定价策略为：

$$\boldsymbol{p}_1^* = \frac{1}{2}\mathbf{1} + \frac{(\delta_2 - \delta_1)^2}{8\delta_2}\boldsymbol{T}\mathbf{1} + \frac{(\delta_2 - \delta_1)k}{8}\boldsymbol{TG}\mathbf{1} - \frac{(\delta_2 - \delta_1)k}{8}\boldsymbol{G}^T\boldsymbol{T}\mathbf{1} - \frac{\delta_2 k^2}{8}\boldsymbol{G}^T\boldsymbol{TG}\mathbf{1}$$

$$(3\text{-}12)$$

$$\boldsymbol{p}_2^* = \frac{1}{2}(\boldsymbol{I} + k\boldsymbol{G})\mathbf{1} - \left[\boldsymbol{I} - \delta_2(\boldsymbol{I} - k\boldsymbol{G})\left(\frac{\delta_1 + \delta_2}{2\delta_2}\boldsymbol{I} - \frac{k\boldsymbol{G}^T}{2}\right)\right]\left[\frac{k}{4}\boldsymbol{TG}\mathbf{1} + \frac{(\delta_2 - \delta_1)}{4\delta_2}\boldsymbol{T}\mathbf{1}\right]$$

$$(3\text{-}13)$$

定理3.1的结果表明最优定价策略高度依赖于社交网络结构。由于式(3-12)和式(3-13)非常复杂，在本章研究的剩余部分，研究假设影响矩阵 $\boldsymbol{G}$ 是对称的，此外，研究设置 $\delta_1 = \delta_2 = \delta$，基于这些设定，研究可以进一步分析最优定价策略和对应利润的性质。

3.3.3 当 $\boldsymbol{G}$ 是对称的

当节点 i 和节点 j 之间的影响强度满足 $g_{ij} = g_{ji}$ 时，影响矩阵 $\boldsymbol{G}$ 是对称的。当 $\delta_1 = \delta_2 = \delta$ 且 $\boldsymbol{G}$ 是对称矩阵时，可以得到 $\boldsymbol{R} = \left(\boldsymbol{I} - \frac{k}{2}\boldsymbol{G}\right)\left(\boldsymbol{I} - \frac{k}{2}\boldsymbol{G}^T\right) = \left(\boldsymbol{I} - \frac{k}{2}\boldsymbol{G}\right)^2$，$\boldsymbol{T} = [\boldsymbol{I} - \delta\boldsymbol{R}]^{-1} = \left[\boldsymbol{I} - \delta\left(\boldsymbol{I} - \frac{k}{2}\boldsymbol{G}\right)^2\right]^{-1}$。此时，可以对条件1进一步化简得到条件1'。

条件1'：(i)$k < \min\left(\dfrac{2\sqrt{\delta} + 2}{\sqrt{\delta}\ \lambda_{\max}(\boldsymbol{G})}, \dfrac{2 - 2\sqrt{\delta}}{-\sqrt{\delta}\ \lambda_{\min}(\boldsymbol{G})}\right)$；(ii)$\dfrac{(1 - \delta)k A_i}{4} + \dfrac{\delta k^2 C_i}{8}$

$$\leqslant \frac{1}{2} \text{且} \frac{-\delta k A_i}{4} + \frac{\delta k^2 C_i}{8} \geqslant -\frac{1}{2} \text{。}$$

当$\delta_1 = \delta_2 = \delta$且$\boldsymbol{G}$是对称矩阵时，条件 1 的第 (i) 部分等价于$k <$

$$\min \left(\frac{2\sqrt{\delta}+2}{\sqrt{\delta}\,\lambda_{max}(\boldsymbol{G})}, \frac{2-2\sqrt{\delta}}{-\sqrt{\delta}\,\lambda_{min}(\boldsymbol{G})} \right)，即要求网络外部性强度低于某一阈值。其中$

$\lambda_{min}(\boldsymbol{G})$和$\lambda_{max}(\boldsymbol{G})$分别表示影响矩阵$\boldsymbol{G}$的最小和最大特征值，其中注意到

$\lambda_{min}(\boldsymbol{G}) < 0$。此外，可以证明，为了确保条件1′的第(ii)部分成立，也要求k低于

特定的阈值。当条件1′成立时，对称影响矩阵下的最优定价策略如命题 3.2 所述。

命题 3.2：当$\boldsymbol{G}$是对称的并且条件1′成立时，有：

(i) 最优定价策略可简化为：

$$\boldsymbol{p}_1^* = \frac{1}{2} \cdot \boldsymbol{1} - \frac{\delta k^2}{8} T\boldsymbol{G}^2 \cdot \boldsymbol{1}$$

$$\boldsymbol{p}_2^* = \frac{1}{2} \cdot \boldsymbol{1} + \frac{k}{4}\boldsymbol{G} \cdot \boldsymbol{1} - \frac{\delta k^2}{8} T\boldsymbol{G}^2 \cdot \boldsymbol{1} + \frac{\delta k^3}{16} T\boldsymbol{G}^3 \cdot \boldsymbol{1}$$

(ii) 当$k > 0$且$\boldsymbol{G} \neq \boldsymbol{0}$时，最优价格满足$\boldsymbol{p}_2^* > \boldsymbol{p}_1^*$。

$\boldsymbol{p}_2^* > \boldsymbol{p}_1^*$意味着对于任意的$i \in \{1, \cdots, n\}$都有$p_{i2}^* \geqslant p_{i1}^*$，且至少存在一个$i$满

足$p_{i2}^* > p_{i1}^*$。这一结果表明，当影响矩阵对称且网络外部性强度低于某一阈值时，

企业采取加价策略是最优的，即在第 2 个销售期，企业应该涨价。企业通过较低的

第 1 期价格吸引一些早期采用者，这些早期采用者可以为那些还没购买产品的消费

者带来正的网络外部效用，这将提高第 2 期消费者的支付意愿，进而卖家可以提高

价格。这一结果与许多现有研究的发现一致，例如，Bensaid 和 Lesne(1996) 以及

Cabral 等(1999) 的研究均发现当产品具有正的网络外部性时，企业应该向后期买家

收取更高的价格。在实践中，采取涨价策略也是可能的，因为调查数据显示，大约

2/3 的消费者表示，如果一些早期用户能够提供更多关于产品使用和有效性的信

息，那么他们愿意为同一产品支付约 15% 的涨价(Fullerton，2017)。在下文的章节

3.4.2 中，研究将发现当网络外部性的强度非常大(条件 1 不再成立) 时，企业向某

些消费者收取更高的第 1 期价格，然后到第 2 期降价也可能是最优的。

命题 3.3：当$\boldsymbol{G}$对称且条件1′成立时，那么当k是比较小的数时，有：

$$p_1^* = \frac{1}{2} \cdot \mathbf{1} - \mathcal{O}(k^2) \approx \frac{1}{2} \cdot \mathbf{1}$$

$$p_2^* = \frac{1}{2} \cdot \mathbf{1} + \frac{k}{4}\boldsymbol{G} \cdot \mathbf{1} - \mathcal{O}(k^2) \approx \frac{1}{2} \cdot \mathbf{1} + \frac{k}{4}\boldsymbol{G} \cdot \mathbf{1}$$

当网络外部性强度 k 较小时，近似的最优价格具有以下性质：首先，对所有消费者收取的第 1 期价格近似等于 0.5。然后，在第 2 个销售期，零售商向消费者收取一个价格溢价，这个溢价的数额与消费者从网络中获取的总的影响成正比（即 $\sum_j g_{ij}$）。如果假设在对称矩阵 $\boldsymbol{G}$ 中，当节点 i 和 j 之间有连接时 $g_{ij} = 1$，否则 $g_{ij} = 0$，那么 $\sum_j g_{ij}$ 表示节点 i 的总的网络邻居数（又称为节点 i 的度），在这种情况下，卖家对节点 i 收取的第二期价格的溢价与该节点的网络邻居数成正比。

3.4 特殊网络结构下的定价策略

在这一节中，研究分析了两类特殊网络下企业的最优定价策略和利润。第一类是规则网络，在这类网络中所有节点的位置都是对称的，并且所有节点的邻居数相等。第二类是星型网络。星型网络中的节点可分为中心节点和外围节点两类，中心节点与所有的外围节点连接，而外围节点只与一个中心节点相连。由于这些网络的易分析性和广泛应用，现有文献中也经常基于这些特殊网络展开分析，例如 Syam 和 Pazgal（2013）的研究。在这些特殊网络中，研究可以分析当条件 1 不成立时更多情形下的定价策略。

3.4.1 规则网络

在度为 d 的规则网络中，所有节点都有 d 个邻居。例如，最常讨论的规则网络包括全连接网络和环形网络（Syam 和 Pazgal，2013）。全连接网络是一个度为（$n - 1$）的规则网络，网络中所有节点完全连接在一起。环形网络是一个度为 2 的规则网络，网络中每个节点与其紧邻的两个邻居连接。图 3-1 中展示了一些规则网络的示例。在规则网络中，研究假设消费者之间的影响矩阵满足：如果节点 i 和节点 j 之间存在连接，那么 $g_{ij} = 1$；否则 $g_{ij} = 0$。显然，在规则网络中，所有节点在网络中的位置都是对称的，因此在最优定价策略下，企业将在每个销售期对所有节点都收取相同的价格。

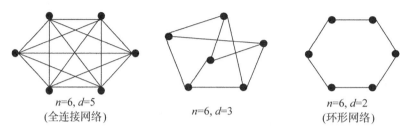

$n=6, d=5$
(全连接网络)　　　　　$n=6, d=3$　　　　　$n=6, d=2$
(环形网络)

图 3-1　简单规则网络示例

命题 3.4：在度为 d 的规则网络中，最优定价策略和利润满足：

（i）如果 $0 \leqslant k < \dfrac{2}{d}$，那么对网络中任意一个节点的最优定价策略为：$p_1^{d*} = \dfrac{2(1-\delta) + \delta dk(2 - dk)}{4 - \delta(2 - dk)^2}$，$p_2^{d*} = \dfrac{2dk + (1-\delta)(2 - dk)}{4 - \delta(2 - dk)^2}$；企业最优利润为 $\pi^* = n\left(\dfrac{p_1^{d*}(2(1-\delta) - \delta dk) + p_2^{d*} dk}{4 - \delta(2 - dk)^2}\right)$。

（ii）如果 $k \geqslant \dfrac{2}{d}$，那么对网络中任意一个节点的最优定价策略为：$p_1^{d*} = \dfrac{(1-\delta)}{2}$，$p_2^{d*} = \dfrac{dk}{2}$；企业最优利润为 $\pi^* = \dfrac{n[(1-\delta) + \delta dk]}{4}$。

在命题 3.4 中，$p_t^{d*}(t \in \{1, 2\})$ 表示产品在第 t 个销售期的最优价格。结果表明，对于规则网络，存在网络外部性强度的一个阈值 k（即 $\dfrac{2}{d}$）：当网络外部性强度低于该阈值时，条件 1 成立，此时最优定价策略与定理 3.1 中的一致。当 k 高于阈值时，最优定价策略使得一半的消费者在第 1 期购买产品，而另一半的消费者在第 2 期购买产品。企业应设定第 2 期价格等于第 1 期产生的网络外部效用。对于任何一个消费者，其邻居中在第 1 期购买产品的人数期望为 $\dfrac{d}{2}$，因此第 2 期的最优价格满

足 $p_2^{d*} = \dfrac{dk}{2}$。这一发现与 Bensaid 和 Lesne(1996) 研究中的命题 1 相近。然而，Bensaid 和 Lesne(1996) 的研究只分析了全连接网络的情况，本小节将研究结论推广到其他任意规则网络。

命题 3.5：在度为 d 的规则网络中，(i) 当 $k \leqslant \dfrac{2}{d}$ 时，p_1^{d*} 关于 k 递减，当 $k \geqslant \dfrac{2}{d}$ 时，p_1^{d*} 不再随 k 变化；(ii) p_2^{d*} 总是关于 k 递增；(iii) 当 $k > 0$ 时，$p_2^{d*} > p_1^{d*}$；(iv) p_1^{d*} 关于 d 单调不增，但 p_2^{d*} 关于 d 递增。

命题 3.5 给出了规则网络中最优定价策略的性质。第 (i) 和 (ii) 部分指出，在规则网络中，第 1 期价格首先随 k 下降，然后不再随 k 变化；而第 2 期价格总是关于 k 递增。直观地看，当 k 增大时，第 2 期消费者可以享受更大的网络外部性，因此企业可以设定更高的第 2 期价格。另一方面，当 k 增加时，企业必须设定较低的第 1 期价格来吸引早期购买者，只有早期购买者才能为第 2 期的消费者带来网络外部效用。当 k 变得足够大时，所有剩余的消费者都将在第 2 期购买产品，在这种情况下，企业没有必要继续降低第 1 期的价格。命题 3.5 的第 (iii) 部分表明，第 2 期涨价的策略对任何规则网络都适用。第 (iv) 部分指出，随着消费者邻居数量的增加，企业应降低第 1 期价格以吸引消费者在第 1 期购买，并提高第 2 期价格以从早期购买者产生的网络外部性中获利。

图 3-2 展示了规则网络中最优定价策略的性质。研究以 $n = 10$，$\delta = 0.5$ 条件下全连接网络和环形网络中的定价策略作为示例。图 3-2 表明，无论是全连接网络还是环形网络，第 2 期价格总是随着网络外部性强度 k 的增加而增加。相反，第 1 期价格首先随 k 下降，然后不再随 k 变化。图 3-2 还表明，全连接网络中的第 2 期价格高于环形网络，而全连接网络中第 1 期的价格低于环形网络中的第 1 期价格。这是因为全连接网络中连接的数量更大，因此网络中的网络外部性效应比环形网络更强，企业可以在全连接网络中收取更高的第 2 期价格。然而，为了诱导一部分消费者在第 1 期购买并产生网络外部性，企业必须设定一个比环形网络更低的第 1 期价格。图 3-3 展示了规则网络中企业最优利润的性质，参数设置与图 3-2 相同。从图中可以直观地看到，随着网络外部性的增强，企业可以获得更高的利润。类似地，随着消费者之间的连接密度的增加，即随着 d 的增大，企业也可以获得更高的利润。

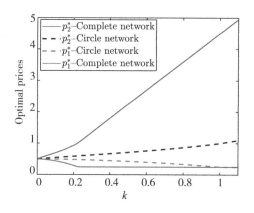

图 3-2　规则网络中的最优定价策略

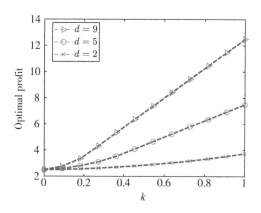

图 3-3　规则网络中的最优利润

3.4.2　星型网络

本小节研究分析了星型网络中的最优定价策略。研究首先考虑一个简单星型网络，网络中存在一个中心节点和 $(n-1)$ 个外围节点 $(n \geqslant 3)$。中心节点与所有外围节点连接，而每个外围节点只与中心节点连接。然后，研究将分析扩展到一个广义的星型网络中，广义的星型网络包括 n_1 个互相连接的中心节点，每个中心节点有 τ 个外围邻居 $(n_1 \geqslant 2，\tau \geqslant 2)$。在实践中，中心节点可以是意见领袖或网红，他们可以对其粉丝施加有效的影响（Jackson，2010）。图 3-4 给出了一个简单星型网络和广义星型网络的示意图。

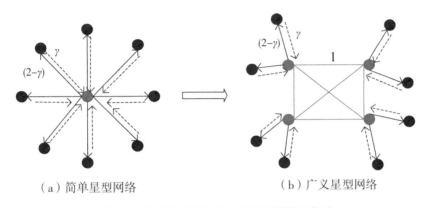

（a）简单星型网络   （b）广义星型网络

图 3-4　简单星型网络和广义星型网络示意图

不失一般性，本章假设外围节点对中心节点的影响强度为 γ，而中心节点对外围节点的影响强度为 $2-\gamma$。研究假设在广义星型网络中中心节点之间的影响强度为 1。当 $0 < \gamma < 1$ 时，意味着中心节点对外围节点的影响强度大于外围节点对中心节点的影响强度；当 $\gamma = 1$ 时，表示中心节点与外围节点彼此之间的影响强度相等；最后，当 $1 < \gamma \leqslant 2$ 时，意味着外围节点对中心节点的影响强度更大。由于在星型网络中只有两种类型的消费者（即中心节点和外围节点），第 1 期的差别定价策略 p_1 实质上包含两个不同的分量，用 p_{c1} 和 p_{r1} 表示，它们分别代表对中心节点和外围节点的第 1 期价格。同样，第二期的定价策略 p_2 也包含两个不同的分量，用 p_{c2} 和 p_{r2} 表示，它们分别代表对中心节点和外围节点的第 2 期价格。

1. 简单星型网络

本节首先展示在简单星型网络中的定价策略。首先，当 k 较小时，即 k 满足条件 1 中的阈值要求时，最优定价策略遵循定理 3.1 中的式（3-12）和式（3-13）。研究用数值实验来展示当 k 较小时最优价格的性质。

图 3-5 展示了在简单星型网络中，当 k 小于一定阈值时，最优价格随 k 的变化趋势。不失一般性，在这个数值实验中设置 $n = 10$，$\delta = 0.1$，$\gamma = 0.5$。结果表明，第

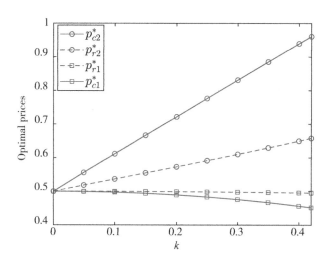

图 3-5　简单星型网络中最优价格随 k 的变化趋势(k 较小时)

1 期的最优价格(包括对中心节点和外围节点的价格)随着 k 递减,第 2 期的最优价格随 k 递增。企业希望在第 1 期通过较低的价格吸引早期消费者,而在第 2 期利用早期消费者创造的正的网络外部性来收取一个较高的价格。图 3-6 展示了在对称的简单星型网络中(即当 $\gamma = 1$ 时),最优价格随节点度的变化趋势。在图 3-6 中,研究设置 $\delta = 0.1$,$k = 0.2$,x 轴代表简单星型网络中的节点数量。根据命题 3.3 可知,

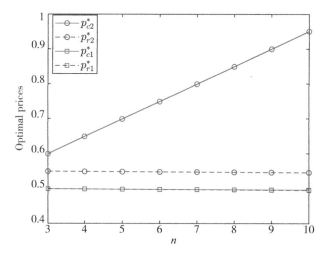

图 3-6　简单星型网络中最优价格随 n 变化趋势(k 较小,$\gamma = 1$ 时)

当 k 较小且 G 对称时，简单星型网络中第 1 期的最优价格满足 $p_{c1}^* \approx 0.5$，$p_{r1}^* \approx 0.5$；第 2 期的最优价格满足 $p_{c2}^* \approx 0.5 + \dfrac{k(n-1)}{4}$，$p_{r2}^* \approx 0.5 + \dfrac{k}{4}$，即对中心节点和外围节点的第 1 期价格都近似等于 0.5，且第 2 期的最优价格高于第 1 期的最优价格。此外，对于中心节点，它的度是 $(n-1)$，因此，中心节点的第 2 期价格随 n 线性递增；而对于外围节点，它的度总是等于 1，因此外围节点的第 2 期价格不随 n 变化。

在简单星型网络中，当 k 足够大导致条件 1 不再成立时，研究分析了几种边界情形下的最优定价策略，结果总结在以下命题 3.6 中，这一结果强调了消费者网络中意见领袖的作用。不同边界情况的具体分析总结在附录中。

命题 3.6：在简单星型网络中，

当 $k \geqslant \max\left\{\dfrac{1}{(2-\gamma)}, \dfrac{1}{\delta(n-1)(2-\gamma)}, \dfrac{1-\delta}{\delta(2-\gamma)}, \dfrac{1}{\delta\gamma}, \dfrac{1-\delta}{\delta(n-1)\gamma}\right\}$ 时

（i）如果 $0 \leqslant \gamma < 1$，诱导中心节点在第 1 期购买产品，然后利用中心节点的影响力吸引外围节点在第 2 期购买是最优的，此时最优的产品定价策略为 $p_{c1}^* = p_{c2}^* = 0$，$p_{r2}^* = (2-\gamma)k$，p_{r1}^* 可以是不小于 $(1-\delta)$ 的任意值，此时最优利润为 $\pi^* = \delta(n-1)(2-\gamma)k$。

（ii）如果 $1 < \gamma \leqslant 2$，诱导外围节点在第 1 期购买产品，然后利用外围节点的影响力来吸引中心节点在第 2 期购买是最优的，此时最优的产品定价策略为 $p_{r1}^* = p_{r2}^* = 0$，$p_{c2}^* = (n-1)\gamma k$，p_{c1}^* 可以是不小于 $(1-\delta)$ 的任意值，此时最优利润为 $\pi^* = \delta(n-1)\gamma k$。

当 $0 \leqslant \gamma < 1$ 时，中心节点对外围节点的影响力比反之要大，在这种情况下，中心节点是网络中具有更强影响力的人。此时，当网络外部性足够强时，最优定价策略是给中心节点免费赠送产品，诱导其先使用产品。中心节点对产品的采用可以显著增加外围节点购买该产品的意愿，此时利用中心节点的影响力来吸引外围节点在第 2 期购买产品是最优的。相反，当 $1 < \gamma \leqslant 2$ 时，外围节点成为网络中的关键影响者。在这种情况下，最优定价策略是给外围节点免费产品，诱导他们在第 1 期购买。命题 3.6 强调社交网络中影响者的作用，并描述了向这些影响者提供免费产品的最佳条件，研究结果为采用影响者营销策略的品牌提供了有用的定价指导。

2. 广义星型网络

研究将简单星型网络中的分析和发现推广到广义星型网络中。广义星型网络可以描述现实中有一组相互联系的网红，这些网红彼此相关联，同时每个网红都有一个独立的粉丝群的情形。一些社会科学领域的研究表明，社交网络中的单个个体很难实现对信息的大规模扩散，只有当一个有较大影响力的人同时与其他许多有较大影响力的人相关联时，这个人才有可能创造较大规模的信息扩散（Adam，2013）。

命题 3. 7：在一个广义的 (n_1, τ) 星型网络中，当 $k \geqslant \bar{k}_{gstar}$ 时，（i）如果 $0 \leqslant \gamma < 1$，诱导中心节点在第 1 期购买、外围节点在第 2 期购买是最优的，此时最优的产品定价策略为 $p_{c1}^* = p_{c2}^* = 0$，$p_{r2}^* = (2 - \gamma)k$，p_{r1}^* 可以是不小于 $(1 - \delta)$ 的任意值，此时最优利润为 $\pi^* = \delta n_1 \tau (2 - \gamma)k$。

（ii）如果 $1 < \gamma \leqslant 2$，诱导外围节点在第 1 期购买产品、中心节点在第 2 期购买是最优的，此时最优的产品定价策略为 $p_{r1}^* = p_{r2}^* = 0$，$p_{c2}^* = \tau \gamma k$，p_{c1}^* 可以是不小于 $(1 - \delta)$ 的任意值，此时最优利润为 $\pi^* = \delta n_1 \tau \gamma k$。

命题 3. 7 表明简单星型网络中的发现在广义星型网络中仍然成立。当网络外部性的强度高于某个阈值（即 $\bar{k}_{gstar}$，$\bar{k}_{gstar}$ 的具体表达式总结在附录中）且中心节点对外围节点的影响更强时，向中心节点提供免费产品并利用它们来增加外围节点在第 2 期的支付意愿是最优的。此外，命题 3.6 与命题 3.7 中的结果都表明，当早期购买者（例如中心节点）可以显著提高剩余消费者（例如外围节点）的支付意愿时，企业可以策略性地对外围节点收取不低于特定值的第 1 期价格，即 $p_{r1}^* \geqslant 1 - \delta$，使得外围节点延迟至第 2 期购买产品。这意味着，对于具有延迟网络外部性的产品，如果企业能够恰当地利用早期顾客提供的产品使用经验和知识显著增加潜在消费者的支付意愿，那么企业可以从一些消费者的延迟购买中受益。在这种情况下，企业可以对外围节点收取更高的第 1 期价格以推迟外围节点的购买，这意味着对外围节点第 2 期降价的定价策略也可能是最优的。

3. 影响力不对称性的影响

在星型网络中，γ 体现中心节点与外围节点之间影响力的不对称性：当 $\gamma = 1$

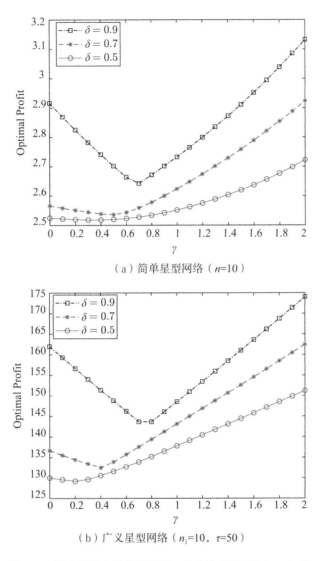

（a）简单星型网络（n=10）

（b）广义星型网络（n_i=10，τ=50）

图 3-7 星型网络中最优利润随 γ 的变化趋势（取 k = 0.1）

时，影响力是对等的；当 γ 接近 0 或 2 时，影响力的不对称水平很高。图 3-7（a）与图 3-7（b）分别展示了在简单和广义星型网络中节点影响的不对称性如何影响企业的利润。可以看到，在两个网络中，企业的最优利润都是先随 γ 递减，再随 γ 递增，这意味着消费者之间不对称的影响力对企业有利。当消费者间的影响力存在较大差异时，他们之间的相互影响效应会更明显，此时企业更容易利用消费者之间的社会化影响。在实践中，企业可以培养高影响力的人，如在社交媒体上的名人或具有很高社会声誉的专家，让他们成为企业的早期购买者和品牌倡导者，这将有助于为企业吸引更多的顾客从而增加企业利润。

3.5　网络连接和网络拓扑的影响

在本节中，研究进一步探讨网络连接特性和网络拓扑结构如何影响企业的最优定价策略和利润。研究首先基于对称的全连接网络与不对称的星型网络构成的组合网络来研究网络中节点影响倾向不平衡性的作用。然后，研究基于 Python NetworkX 包生成具有不同度方差的网络以探究网络连接度的异质性对企业利润的影响。最后，研究比较了在多个小网红网络与少数大网红网络中产品推广效果的差异。

3.5.1　影响概率的不平衡性

在一些情况下，社交网络中的不同节点具有不同的概率去影响他人。例如，人们更愿意向社交网络中的专家寻求建议，这意味着专家有更大的概率影响他人（Adams，2011）。在这一小节中，研究探究了影响概率的不平衡性如何影响企业的最优定价策略和利润。研究设计了一组全连接网络和星型网络的组合网络，并基于组合网络中节点影响概率不平衡性参数来说明最优价格和利润是如何随消费者之间影响概率的不平衡性而变化的。具体如下：

$$\boldsymbol{G}^s = \begin{bmatrix} 0 & \dfrac{1}{n-1} & \cdots & \dfrac{1}{n-1} \\ 1 & 0 & \cdots & 0 \\ \vdots & \vdots & \ddots & \vdots \\ 1 & 0 & \cdots & 0 \end{bmatrix}_{n \times n}, \quad \boldsymbol{G}^c = \begin{bmatrix} 0 & \dfrac{1}{n-1} & \cdots & \dfrac{1}{n-1} \\ \dfrac{1}{n-1} & 0 & \cdots & \dfrac{1}{n-1} \\ \vdots & \vdots & \ddots & \vdots \\ \dfrac{1}{n-1} & \dfrac{1}{n-1} & \cdots & \dfrac{1}{n-1} \end{bmatrix}_{n \times n}$$

定义 $\boldsymbol{G}^\xi = \xi\,\boldsymbol{G}^s + (1-\xi)\,\boldsymbol{G}^c\,(n \geqslant 3,\ 0 \leqslant \xi \leqslant 1)$，其中 $\boldsymbol{G}^\xi$ 是 $\boldsymbol{G}^s$（非对称简单星型网络）和 $\boldsymbol{G}^c$（对称的全连接网络）的凸组合。可以将 $\boldsymbol{G}^\xi$ 的第 $(i,\,j)$ 项看作节点 i 向节

点 j 征求意见的概率（用 g_{ij} 表示），其中 $g_{i1} = \xi + \dfrac{(1 - \xi)}{n - 1}$，$g_{1j} = \dfrac{1}{n - 1}$，$g_{ij} = \dfrac{(1 - \xi)}{n - 1}(i \geqslant 2, j \geqslant 2, i \neq j)$。可以发现，$\boldsymbol{G}^{\xi}$ 中每个节点从其他节点获得的总影响始终等于 1（即 $\sum_{j} (\boldsymbol{G}^{\xi})_{ij} = 1$），$\xi$ 为消费者之间影响概率的不平衡性，当 ξ 增加时，意味着剩余消费者更倾向于向节点 1 寻求建议。基于定理 3.1 中的最优定价策略，可以推导出以下性质：

命题 3.8：当条件 1 成立且 δ 和 k 都较小时，有以下性质成立：

(i) 对于 $i = 1$，$p_{i1}^{*} \approx \dfrac{1}{2} - \dfrac{\delta k^2}{8} - \dfrac{\delta k^2 (n - 2) \xi}{8} + O(\delta^2) + O(k^3)$，$p_{i1}^{*}$ 随着 ξ 递减。

(ii) 对于 $i \in \{2, 3, \cdots, n\}$，$p_{i1}^{*} \approx \dfrac{1}{2} - \dfrac{\delta k^2}{8} - \dfrac{\delta k^2 (n - 2) \xi}{8(n - 1)} + O(\delta^2) + O(k^3)$，$p_{i1}^{*}$ 随着 ξ 递增。

(iii) 对于 $i \in \{1, 2, \cdots, n\}$，$p_{i2}^{*} \approx \dfrac{1}{2} + \dfrac{k}{4} - \dfrac{\delta k^2}{8} + O(\delta^2) + O(k^3)$，$p_{i2}^{*}$ 不随 ξ 变化。

(iv) $\pi^{*} \approx \dfrac{n}{4} + \dfrac{\delta n k^2}{16} + O(\delta^2) + O(k^3)$，$\pi^{*}$ 不随 ξ 变化。

命题 3.8 中的 (i) 和 (ii) 表明企业应该向那些具有更大概率影响他人的节点（例如节点 1）收取更低的第 1 期价格；同时，企业应该向更容易受到节点 1 影响的消费者收取更高的第 1 期价格。命题 3.8 的第 (iii) 部分表明影响概率的不平衡性并不影响第 2 期的最优价格。也就是说，在以上全连接和星型网络的组合网络中，企业可以在第 2 期向所有节点收取相同的价格，这一定价策略在实践中也更容易操作：企业仅在第 1 期基于节点影响他人的概率进行差别定价，然后在第 2 期向所有节点收取相同的价格。最后，命题 3.8 的第 (iv) 部分指出在全连接和星型网络的组合网络中，由于社交网络中的总影响不随 ξ 变化，此时企业的最优利润也不受 ξ 变化的影响。

3.5.2 节点度异质性的影响

在这一小节中，研究探讨了消费者连接数量的异质性如何影响企业的利润。直观来说，连接数量的异质性指的是节点粉丝数的差异水平。研究首先比较了无标度网络（Scale-free network）和 Erdös Réyni 随机网络这两种典型网络中企业的最优利润。无标度网络是一种典型的异构网络，其中少数节点拥有大量的连接，而大多数节点拥有少量的连接。一些实证研究表明，许多社交网络都具有无标度网络的特征（Ugander 等，2011）。相比之下，Erdös Réyni 随机网络是一个典型的同构网络，其中每个节点都有相近数量的连接。研究发现，在网络规模和总连接数相同的情况下，无标度网络下企业的最优利润高于 Erdös Réyni 随机网络。然后，研究进一步考察了最优利润如何随网络中消费者度的方差而变化，研究结果表明对于具有相同平均度的网络，平均利润随消费者度的方差递增。

对于本小节中的数值实验，研究设置 $n = 50$，$\delta = 0.5$，$k = 0.05$。当网络中节点 i 与 j 连接时，影响矩阵中的元素满足 $g_{ij} = 1$，否则 $g_{ij} = 0$。网络中节点的度等于节点的连接数。在第一个数值实验中，研究使用 Python NetworkX 包分别生成了 50000 个无标度网络和 Erdös Réyni 随机网络。对于每个生成的网络，研究计算了网络的平均度和企业的最优利润。在此基础上，研究进一步计算了在具有相同平均度的网络中企业最优利润的平均值。图 3-8 表明给定网络中相同的连接数目，也就是相同的平均度，企业在无标度网络中的平均利润高于在 Erdös Réyni 随机网络中的平均利润，这意味着在基于网络的差别定价策略下，消费者度的异质性对企业有利。直观

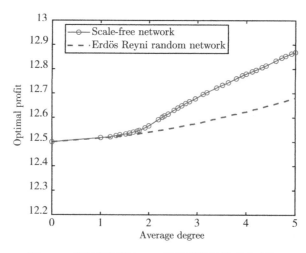

图 3-8 无标度网络与 ER 随机网络下的最优利润

上去理解，在消费者连接数量差别较大的网络中，企业更容易利用差别定价吸引一些节点在第一期购买，并利用这些早期购买者影响剩余消费者的支付意愿。

在第二个数值实验中，研究使用度方差作为度异质性的近似度量指标。按照 Jackson 和 Rogers（2007）中提出的度分布模型，研究生成了具有不同度方差的网络。具体来说，度分布满足 $F(d) = 1 - \left(\dfrac{rm}{d + rm}\right)^{(1+r)}$，其中 m 表示平均度，r 与度的方差相关（$0 < r < \infty$）。研究设置 $r \in (1, 8)$，并选取 $m = 4$ 及 $m = 6$，使用 Python NetworkX 包生成网络。研究共生成了 15000 个具有相同平均度（例如，平均度 m 分别为 4 和 6）的网络，并计算每个网络中度的方差。最后将网络按照度方差进行分组，计算每组网络中企业的平均利润。图 3-9 表明，对于具有相同平均度的网络，企业的平均利润随着消费者度方差的增加而增加。潜在消费者的粉丝数差别越大，企业通过差别定价策略推广产品就越有效。此外，实验结果还表明，在连接密度更高（即平均度越大）的网络中，企业可获得的利润更大。

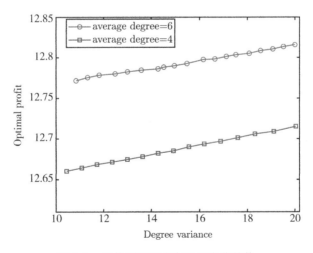

图 3-9 最优利润随度方差的变化趋势

3.5.3 大网红网络与小网红网络

在基于社交网络进行产品推广时，一些学者建议企业应该通过具有较大影响力的核心人物网络来推广产品，例如名人及其大量粉丝构成的网络。然而，另外一些学者提出，潜在客户通常嵌入在许多相互联系的小型社区网络中，从而在这些相互联系的小型网络中推广产品会更有效（Adams，2011；Li 等，2019）。在这一小节中，研究基于广义星型网络中的分析结果，对大网红网络和小网红网络中企业的利润进行了比较。研究发现在不同网络中的产品推广效果与网络外部性强度相关，当网络外部性强度低于一定水平时，在多个小网红网络中推广产品会给企业带来更高的利润。相比之下，当网络外部性的强度足够高时，在少数大网红网络中推广产品会更有效。另外，研究还从通过数值实验分析了不同网红网络之间相互连通的价值。

研究将广义星型网络中的节点总数固定为 2880，并改变参数组 (n_1, τ) 的取值以生成大网红网络或小网红网络。数值分析中的其他参数为 $\delta = 0.8$，$\gamma = 0.5$，这意味着中心节点对外围节点的影响力更强，因此可以将中心节点视为网络中的网红。图 3-10（a）表明相比于 n_1 取中间值时，当 n_1 很大或很小时，企业可以获得更高的利润。这意味着在几个相互连接的大网红网络或由多个相互连接的小社区网络中进行产品推广将比通过中间规模的网络给企业带来更高的利润。这一研究发现与实践中经常观察到的情况也一致，在实践中，一些公司会选择几个拥有大量追随者的大网红来推广产品，而另一些公司会利用许多相互联系的小社区网络进行产品推广（Li，2019）。

图 3-10（b）比较了当 $n_1 = 2$，$\tau = 1439$ 和 $n_1 = 60$，$\tau = 47$ 的两个网络中企业的利润，前者代表大网红网络，后者代表小网红网络。结果表明，当网络外部性强度低于一定水平时，利用大量相互关联的小网红网络来推广产品会给企业带来更高的利润。相比之下，当网络外部性效应的强度足够高时，利用少数大网红网络推广产品会更有效。这里隐含的原因可能是，当网络外部性的强度很高时，企业可以利用几个大网红来增加大量追随者的支付意愿，获得大量的购买人群。然而，当网络外部性强度较低时，几个早期购买者很难吸引大量的潜在客户。在这种情况下，企业应该利用更多的早期购买者来宣传产品，并增加信息扩散规模。在实践中可以观察到，对于高科技产品，企业通常专注于高影响力的人；而对于美容和护肤产品，越来越多的企业转向利用小网红进行产品推广（Kim，2019；Gerdeman，2019；

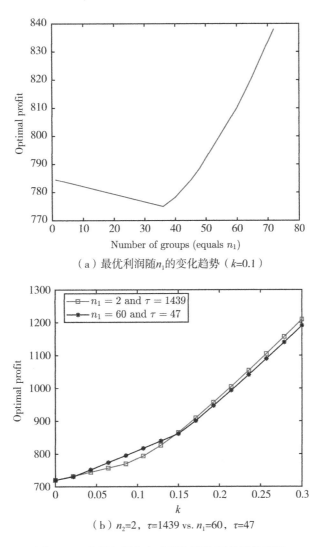

（a）最优利润随n_1的变化趋势（k=0.1）

（b）n_2=2，τ=1439 vs. n_1=60，τ=47

图 3-10　大网红网络与小网红网络下的最优利润

Santora，2022）。

当广义星型网络中的中心节点不相连时，其网络拓扑结构对应于几个独立的简单星型网络(见图 3-11 中右图)，这些简单星型网络可以被视为几个独立的网红网络或社区。本章通过仿真分析探究了将不同社区网络联系起来的价值。

在仿真中，研究仍然固定广义星型网络中的节点总数为 2880，并改变(n_1，τ)

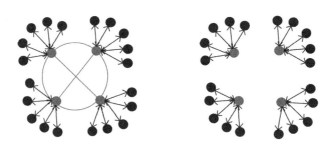

图 3-11　中心节点相连的广义星型网络与中心节点不相连的星型网络

的组合值来生成不同大小的社区网络，其中 $n = n_1(\tau + 1)$。n_1 越大表示潜在客户被分成更多的小社区，其余参数设置与图 3-10 相同，图 3-12 的纵轴表示中心节点连接与不连接时企业利润的差。研究结果表明社区之间相互联系的价值随 n_1 和 k 的变化是非递减的。更具体地，可以看出，当潜在顾客连接在几个大社区中时（即当 n_1 非常小时），连接这些大社区的价值为零，即无论中心节点是否连接，企业都将获得

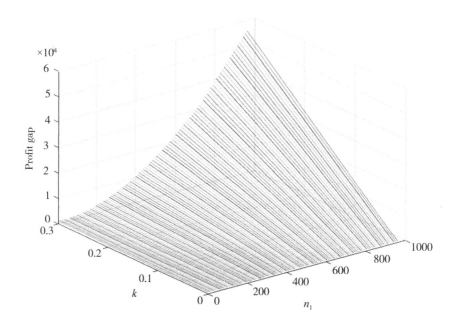

图 3-12　不同社区网络联系价值随 k 和 n_1 的变化趋势

相同的利润。这是由于当潜在顾客连接在几个大网络中时，中心节点的网络连接已经能够创造足够的信息扩散，此时增加几个中心节点之间的连接并不会影响消费者的购买和企业的利润。然而，当潜在顾客分布在较小的社区中时，连接不同社区的价值随着 n_1 和 k 递增。这是因为在这些相对较小的社区之间添加联系显著增加了潜在顾客之间的联系密度，这将创造更多的网络外部性，并使企业受益。

3.6　与统一定价策略的比较

研究扩展分析了企业基于社交网络结构的最优统一定价策略，在这种策略下，企业在每个时期对所有消费者收取统一的价格。在此基础上，研究比较了差别定价策略和统一定价策略。在统一定价策略模型中，在第 1 期开始时，企业宣布两个时期的销售价格，分别记为 p_1 和 p_2。p_1 可被视为第 1 期产品的发售价格，而 p_2 是发布期后的常规零售价格。在本节中，研究仍假设消费者和企业的时间折扣因子满足 $\delta_1 = \delta_2 = \delta$，其余的模型设置与 3.3.1 节相同。

研究用 $\boldsymbol{\theta}_1^u$ 和 $\boldsymbol{\theta}_2^u$ 分别表示消费者在第 1 期和第 2 期购买产品估值的阈值向量，研究分析了当 $0 \leq \boldsymbol{\theta}_1^u \leq \boldsymbol{\theta}_2^u \leq 1$ 时的内部均衡价格。在这种情况下，$\boldsymbol{\theta}_1^u$ 和 $\boldsymbol{\theta}_2^u$ 满足：

$$\boldsymbol{\theta}_1^u = \frac{p_1}{(1-\delta)}\mathbf{1} - \frac{\delta p_2}{(1-\delta)}\mathbf{1} + \frac{\delta k}{(1-\delta)}\boldsymbol{G} \cdot (1 - \boldsymbol{\theta}_1^u)$$

$$\boldsymbol{\theta}_2^u = p_2 \cdot \mathbf{1} - k\boldsymbol{G} \cdot (1 - \boldsymbol{\theta}_1^u)$$

进而，消费者在第 1 期的期望需求（x^u）和第 2 期的期望需求（y^u）满足：

$$\boldsymbol{x}^u = 1 - \boldsymbol{\theta}_1^u = \left[\boldsymbol{I} + \frac{\delta k}{(1-\delta)}\boldsymbol{G}\right]^{-1}\left[\mathbf{1} - \frac{p_1}{(1-\delta)}\mathbf{1} + \frac{\delta p_2}{(1-\delta)}\mathbf{1}\right] \tag{3-14}$$

$$\boldsymbol{y}^u = \boldsymbol{\theta}_1^u - \boldsymbol{\theta}_2^u = \left[\boldsymbol{I} - k\boldsymbol{G}\right]\left[\boldsymbol{I} + \frac{\delta k}{(1-\delta)}\boldsymbol{G}\right]^{-1}\left[\frac{p_1}{(1-\delta)}\mathbf{1} - \frac{\delta p_2}{(1-\delta)}\mathbf{1} + \frac{\delta k}{(1-\delta)}\boldsymbol{G} \cdot \mathbf{1}\right]$$

$$- p_2\mathbf{1} + k\boldsymbol{G} \cdot \mathbf{1} \tag{3-15}$$

企业的优化问题如问题（16）所示：

$$\max_{[p_1,\ p_2]} \boldsymbol{\pi}^u = p_1 \mathbf{1}^T \boldsymbol{x}^u + \delta p_2 \mathbf{1}^T \boldsymbol{y}^u$$

$$\text{s.t. } \boldsymbol{x}^u \geq 0,\ \boldsymbol{y}^u \geq 0,\ \boldsymbol{x}^u + \boldsymbol{y}^u \leq 1 \tag{3-16}$$

定义 $M = \left[I + \dfrac{\delta k}{(1 - \delta)} G \right]^{-1}$, $m = \displaystyle\sum_{i=1}^{n} \sum_{j=1}^{n} (M)_{ij}$, $\omega = \dfrac{n}{m}$, $\eta = \dfrac{1}{1 - \delta}$, 用 $\lambda(G)$ 表示矩阵 G 的任意特征值, 问题 (3-16) 的最优解总结在定理 3.2 中。

定理 3.2: 对于规模为 n 的网络, 当 $\lambda(G) \neq -\dfrac{(1 - \delta)}{\delta k}$, $4\eta\delta mn - (n - m)^2 > 0$, $\max\left\{0, \dfrac{1 + \omega^2 - \delta(1 + \omega)^2}{[1 - \delta\omega(1 + \omega)]}\right\} \leqslant m_i \leqslant \dfrac{2}{1 + \omega} (i \in \{1, 2, \cdots, n\})$ 时, 问题 (3-16) 的最优解满足 $p_1^* = \dfrac{\delta(1 + \omega^2) - (\omega - 1)^2}{\delta(1 + \omega)^2 - (\omega - 1)^2}$, $p_2^* = \dfrac{(1 + \delta)\omega - (1 - \delta)}{\delta(1 + \omega)^2 - (\omega - 1)^2}$。

在定理 3.2 中, 条件 $\lambda(G) \neq -\dfrac{(1 - \delta)}{\delta k}$ 确保矩阵 $\left[I + \dfrac{\delta k}{(1 - \delta)} G \right]$ 是可逆的。条件 $\max\left\{0, \dfrac{1 + \omega^2 - \delta(1 + \omega)^2}{[1 - \delta\omega(1 + \omega)]}\right\} \leqslant m_i \leqslant \dfrac{2}{1 + \omega} (i \in \{1, 2, \cdots, n\})$ 和 $4\eta\delta mn - (n - m)^2 > 0$ 保证问题 (3-16) 最优解的存在性及唯一性。

在下文中, 研究基于简单星型网络中的分析结果, 通过数值实验对比分析了差别定价策略和统一定价策略。结果如图 3-13 和图 3-14 所示。

在数值分析中, 研究设置 $n = 10$, $\delta = 0.9$。图 3-13(a) 表明, 当 γ 相对较小时, 差别定价策略的利润较高。原因在于, 当 γ 相对较小时, 中心节点对外围节点的影响更大, 在差别定价策略下, 企业可以更容易地吸引中心节点在第 1 期购买, 并在第 2 期从网络外部性中获取利润。以 $\gamma = 0.1$ 为例, 图 3-14(a) 表明, 在差别定价策略下, 企业可以在第 1 期用低得多的价格吸引中心节点购买产品, 同时向外围节点收取比统一定价时更高的价格。此外, 图 3-14(b) 显示, 与统一定价策略相比, 企业可以在第 2 期对外围节点收取更高的价格。因此, 差别定价策略下的企业利润高于统一定价策略下的企业利润。图 3-13(b) 表明, 当 $\gamma = 0.1$ 时, 随着网络外部性强度的增加, 差别定价策略可以实现比统一定价策略更高的利润。这体现了差别定价的价值。

图 3-13(a) 还表明, 当 γ 相对较大时, 差别定价和统一定价策略中的利润相等。这是因为当 γ 相对较大时, 外围节点对中心节点的影响更大, 企业诱导外围节点在第 1 期购买、中心节点在第 2 期购买是最优的。由于中心节点(有更多的连接)

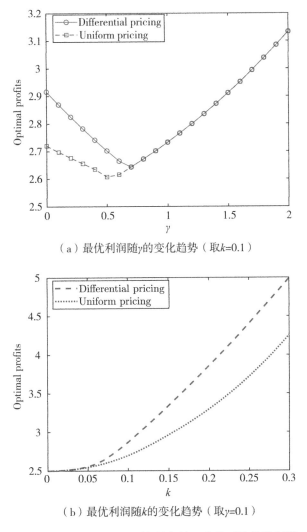

（a）最优利润随γ的变化趋势（取k=0.1）

（b）最优利润随k的变化趋势（取γ=0.1）

图3-13 星型网络中差别定价与统一定价下的最优利润

本身有很高的动机将购买延迟到第2期，在这种情况下，最优差别定价策略与统一定价策略一致，因此在两种定价策略下企业的利润相同。研究还选取 $\gamma = 1.8$，对最优价格也进行了数值比较，结果总结在附录中。

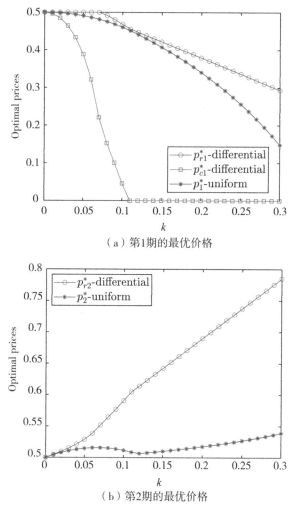

（a）第1期的最优价格

（b）第2期的最优价格

图 3-14　简单星型网络下差别定价与统一定价对比分析（取 $\gamma = 0.1$）

3.7　忽视社交网络结构可能导致的损失

在这一节中，研究评估了如果零售商不拥有或忽视消费者社交网络结构可能导致的利润损失，这在现实中经常发生。首先，如果企业假设所有的消费者之间不存在相互影响，那么两个销售期的最优价格将始终为 0.5。基于前面的分析很容易发现，当 k 很大时，企业的利润损失可能非常大。其次，现有很多研究通常假设所有消费者是完全连接在一起的（即全连接的网络结构），例如，Bensaid 和 Lesne(1996) 和 Hu 等(2020) 的研究。因此，在下面的分析中，研究评估了当企业不考虑具体网络结构信息，只是简单假设所有消费者是全连接时可能造成的利润损失。

本节研究分别探讨了在规则网络和简单星型网络中，假设全连接网络可能导致的损失。关于星型网络中的分析，结果总结在附录中。在下文中，研究重点分析了 d- 度规则网络下利润损失的性质。

命题 3.9：在一个 d- 度规则网络中 $(0 \leq d \leq n-1)$，如果企业简单地假设所有消费者是全连接的，并采用全连接网络中的定价策略，那么利润将满足：

$$\pi^{\mathrm{ig}} = \begin{cases} np_1^{\mathrm{com}*}(1 - p_1^{\mathrm{com}*}) & \text{if} \quad 0 \leq d < \dfrac{p_2^{\mathrm{com}*}}{(1 - p_1^{\mathrm{com}*})k} \\[3mm] np_1^{\mathrm{com}*}(1 - \theta_1^{\mathrm{ig}}) + \delta np_2^{\mathrm{com}*}(\theta_1^{\mathrm{ig}} - \theta_2^{\mathrm{ig}}) & \text{if} \quad \dfrac{p_2^{\mathrm{com}*}}{(1 - p_1^{\mathrm{com}*})k} \leq d < n-1 \end{cases}$$

其中

$$p_1^{\mathrm{com}*} = \begin{cases} \dfrac{2(1-\delta) + \delta(n-1)k[2 - (n-1)k]}{4 - \delta[2 - (n-1)k]^2} & \text{if} \quad 0 < k < \dfrac{2}{n-1} \\[3mm] \dfrac{1-\delta}{2} & \text{if} \quad k \geq \dfrac{2}{n-1} \end{cases}$$

$$p_2^{\mathrm{com}*} = \begin{cases} \dfrac{2(n-1)k + (1-\delta)[2 - (n-1)k]}{4 - \delta[2 - (n-1)k]^2} & \text{if} \quad 0 < k < \dfrac{2}{n-1} \\[3mm] \dfrac{(n-1)k}{2} & \text{if} \quad k \geq \dfrac{2}{n-1} \end{cases}$$

$$\theta_1^{\mathrm{ig}} = \left[\frac{p_1^{\mathrm{com}*}}{1 - \delta + \delta kd} - \frac{\delta p_2^{\mathrm{com}*}}{1 - \delta + \delta kd} + \frac{\delta kd}{1 - \delta + \delta kd}\right]^+$$

$$\theta_2^{\mathrm{ig}} = \left[p_2^{\mathrm{com}*} - kd(1 - \theta_1^{\mathrm{ig}})\right]^+ 。$$

图 3-15 展示了当假设网络结构为全连接网络时，企业的绝对利润损失和相对利润损失的数值实验结果。在图 3-15(a) 中，研究设置 $d=2$。在 2 度规则网络(如环形网络) 中，可以看到，忽略实际网络结构并使用全连接网络的定价策略下的利润随

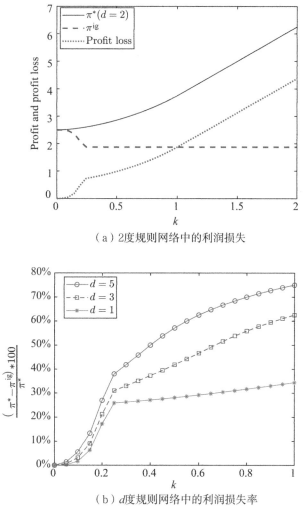

（a）2 度规则网络中的利润损失

（b）d 度规则网络中的利润损失率

图 3-15 规则网络中的利润损失（设置 $n = 10$，$\delta = 0.5$）

k 逐渐降低，然后变为常数。其原因在于，当企业基于全连接网络结构的假设设定价格时，它将在第一期收取较低的价格，在第二期收取更高的价格（例如与环形网络中的最优价格相比）。在这样的定价政策下，不会有消费者在第二期购买。因此，实际利润由第一期的价格决定。当 k 相对较小时，全连接网络中的第一期价格随 k 递减，当 k 达到一定阈值时，第一期价格变为常数（参见 3.4.1 节中命题 3.5）。

另一方面，在最优定价策略下 2 度规则网络中最优利润随 k 递增。这两者共同决定了忽视真实网络结构并简单假设为全连接网络时导致的利润损失随 k 递增。

图 3-15（b）表明在规则网络中，由于假设全连接网络结构而导致的利润损失百分比不仅随 k 递增，而且也随 d 递增。当 k 很高或 d 很大时，网络外部性的潜在收益十分显著。然而，如果企业忽略实际的网络结构，不采用网络相关的最优定价策略，将可能导致非常显著的利润损失。例如，当 $d = 3$ 或 $d = 5$ 时，在 $k > 0.8$ 的情况下，企业利润损失百分比超过了 50%。

3.8　本 章 小 结

迅速发展的社交网络在消费者的购买决策中发挥着越来越重要的作用。本章研究分析了企业如何利用社交网络结构信息设计最优的差别定价策略。研究考虑了当消费者具有战略性购买行为时企业的两阶段定价问题。消费者可以战略性地将购买延迟到第二期，并从他们在第一期已经购买了该产品的网络邻居那里获得正的网络外部性。研究描述了社交网络结构如何影响消费者的战略性购买决策，分析了企业在不同网络结构下的最优定价策略和利润，并评估了采取统一定价策略或忽略消费者网络结构时企业的利润损失。

本章的研究结果表明，当网络外部效应的强度低于一个阈值且影响矩阵对称时，企业采取递增的动态定价的策略总是最优的，即采用一个较低的第一期价格来吸引早期购买者，然后收取较高的第二期价格以从正的网络外部效应中获得额外利润。每个消费者的第二期价格的增加量与该消费者的邻居数量成正比。然而，当网络外部性的强度很大时，企业可以对一些消费者采取第二期降价的定价策略，并策略性地将一些消费者的购买延迟到第二期。本章还基于规则网络和星型网络结构对最优定价策略的性质进行了进一步分析，得到了一些关于最优定价策略性质的有趣见解。研究也评估了采用统一定价策略或忽略消费者网络结构所导致的利润损失，这些利润损失与消费者之间的影响结构和网络外部性的强度有关。数值实验结果表明，在某些条件下，采用统一定价策略或忽略消费者网络结构给企业带来的利润损失可能非常大。

　　本章也探讨了不同的网络连接特征和网络拓扑结构对企业产生的影响，主要研究了消费者之间影响概率的不平衡性、消费者连接数的异质性以及大网红网络和小网红网络如何影响企业的最优定价策略和利润。研究表明，企业应该为在第一期中有较高概率影响他人的消费者提供更大的折扣；给定相同的网络规模和平均度，企业的最优利润会随消费者邻居数差异水平的增大而递增。最后，当网络外部性强度相对较低时，企业通过许多相互连接的小网红网络销售产品更有效；而当网络外部性强度较高时，企业通过少数大网红网络销售产品更有效。

　　本章的研究更深入地揭示了当消费者具有战略购买行为和产品具有延迟网络外部性时，最优差别定价策略的性质和价值。在未来的研究中，首先，研究可以分析寡头垄断环境以及更一般的多期动态定价情景下的最优差别定价问题。其次，未来研究可以探索更实际的模型设置，例如可以假设网络中的消费者只能知道一部分网络结构信息，而另一部分网络结构需要通过不确定的概率模型进行刻画。最后，通过实证数据分析基于社交网络结构的差别定价策略的特性和价值也具有很大的意义。

第4章　基于社交关系的最优产品
推荐奖励策略研究

本章通过理论模型和仿真分析相结合的方法，系统分析了企业针对不同社交关系的最优产品推荐奖励策略，量化基于社交关系的差别推荐奖励策略的价值；拓展分析了基于社交关系的最优双向推荐奖励策略及其价值。研究结果表明：①当推荐成本低于特定临界值时，企业应同时激励强关系和弱关系下的产品推荐，此时给不同社交关系提供差别推荐奖励明显优于统一推荐奖励策略，在产品信息长期扩散稳态下，差别推荐奖励机制可将企业利润提升约10%。②差别推荐奖励机制可帮助企业摆脱产品推广初期的低价困境，企业可设置较高的产品价格，通过灵活的奖励额度吸引顾客。③当推荐成本较低时，双向推荐奖励机制可进一步提升推荐链接转化率，将企业利润进一步提升约3%。④随着推荐成本的增加，弱关系间推荐创造的效益逐渐减少，当推荐成本达到特定水平时，企业应放弃弱关系间的推荐，只激励强关系间的推荐；当推荐成本特别高时，企业应整体放弃产品推荐推广策略。

4.1　引　　言

围绕消费者的社交圈开展营销活动已成为企业迅速打开市场的重要方法（梅新蕾和荆兵，2019；Lobel 等，2017）。调查数据显示，在信息爆炸与商品品牌空前繁多的时代，相比于传统广告，消费者更信任社交圈中朋友的产品推荐（Trusov 等，2009；Hu 等，2019）。92%的受访者表示在做购买决策时更相信朋友的推荐而不是产品广告；81%的消费者表示朋友在社交媒体上发表的品牌推荐或评论信息会显著影响其品牌选择；76%的消费者最终会购买在社交平台上发现的产品（Zheng 等，

2020；Gilbert，2022）。越来越多的电商企业开始利用基于消费者社交圈的产品推荐推广产品。例如，国内电商公司唯品会在手机客户端开通了推荐得奖励的功能，用户在浏览商品时即可将商品推荐给好友，如果好友成功购买产品，推荐人可获得推荐奖励；拼多多电商公司将社交与电商深度融合，在手机客户端内开通了拼小圈功能，用户可以直接在拼小圈内进行产品分享，好友浏览购买后用户即可获得奖励。国外电商公司 Amazon 在几年前就推出了邀请好友购买产品并奖励推荐人产品价格 10% 的佣金的活动；eBay 公司也采用类似的推荐激励策略，承诺可以给推荐人提供最多高达成交额 70% 的佣金（Cao 等，2019）。研究将国内各大电商平台进行产品推荐推广的关键要素总结在表 4-1 中。

表 4-1　国内主要电商平台的产品推荐奖励活动

电商平台	有奖推荐要求	奖励额度	奖励对象	App 内社交圈
拼多多	浏览即可推荐	奖励推荐人商品价格的 0.1% ~ 50%，奖励接收人优惠券	双向奖励	拼小圈
唯品会	浏览即可推荐	奖励推荐人商品价格的 10%~30%	推荐人	无
淘宝	购买后可推荐	奖励推荐人商品价格的 3%~50%、奖励接收人优惠券	双向奖励	淘友圈
京东	购买后可推荐	奖励推荐人商品价格的 10% ~ 60%，奖励接收人优惠券	双向奖励	京友圈

近两年，企业通过将电商技术与社交技术融合的方式打通了对消费者社交网络信息的获取渠道，这为企业基于社交网络进行产品推广创造了新的优化空间。首先，企业通过与社交平台合作，鼓励用户使用个人社交媒体账户登陆企业网站或手机客户端，通过这种方式将用户与社交平台上相应的用户进行关联，获取用户的社交信息。其次，越来越多的电商企业在手机客户端中整合社交功能实现对用户社交数据的直接获取。例如，拼多多推出的拼小圈功能，用户可在拼小圈通过手机通讯录直接添加其他拼多多用户为好友，添加好友后用户可以看到好友在拼多多的最新订单情况，并直接在拼小圈交流点赞或分享产品。此外，经过用户授权后，拼小圈

可结合用户通信录中与好友的联系频率、用户在拼小圈中的浏览和互动等数据分析用户之间的不同联系强度。这些社交数据为企业基于消费者间的社交关系优化产品推荐推广策略提供了基础，同时也对基于社交关系的推荐奖励策略的研究提出了要求。

为提升推荐链接转化率，一些学者已对企业最优产品推荐奖励策略展开研究。部分研究开始关注消费者社交网络特征对最优推荐激励策略的影响机理（Lobel 等，2017；Cao 等，2019）。然而，目前大部分研究通常考虑企业为所有顾客制定统一的推荐奖励策略，实证数据显示当产品推荐人与信息接收人之间属于不同的社交关系时，同一推荐奖励的效果存在显著差异（Hu 等，2019）。在业界，企业也希望通过差异化的推荐奖励提升推荐参与度，例如，拼多多向产品推荐人发放金额不同的优惠券，支付宝向推荐使用支付宝支付的商家和顾客同时提供不确定金额的红包奖励等。但这些差异化的推荐奖励通常是随机生成的，还没有一套科学的指导方案供企业参考。基于此，本章将结合企业获取的不同用户之间的联系强度等数据，深入分析以下三个问题：

（1）当消费者之间分别属于强关系与弱关系时，企业的最优定价和差别推荐奖励策略。

（2）相比于统一推荐奖励策略，基于社交关系的差别推荐奖励策略的价值。

（3）同时给推荐人推荐奖励和信息接收人优惠券的最优双向推荐奖励策略及其价值。

4.2　国内外文献回顾与评述

围绕企业最优产品推荐奖励策略的问题，学者主要从最优推荐奖励额度、最优推荐奖励对象、最优奖励计费方式等方面展开了分析，这些研究主要分析了对所有消费者制定相同奖励额度的统一推荐奖励策略。由于推荐奖励的效果通常与产品的价格相关，因此在分析最优产品推荐奖励策略时，学者通常同时考虑产品定价与推荐奖励的组合优化问题。在早些年的研究中，学者通常没有考虑社交关系特性或社交网络特征对最优奖励策略的影响（Biyalogorsky 等，2021；Kornish 和 Li，2010；

Xiao 等，2011；Jing 和 Xie，2011；Zhou 和 Yao，2015）。研究显示，与传统的低价策略相比，在推荐奖励策略下，推荐人若想获得推荐奖励要求信息接收人成功完成购买，因此可以避免低价策略下所有消费者都享受低价的困境；当消费者的满意感知参数处于中等水平时，企业通过推荐奖励策略吸引潜在顾客比采用价格折扣策略更有效（Cao 等，2019）。与低价的团购策略相比，推荐奖励策略的成本更低（Jing 和 Xie，2011）。对于高价值产品，企业应采取高价格高奖励的策略；企业可根据产品的吸引力水平调整推荐奖励额度，对吸引力大的产品，企业可适当调低推荐奖励额度（段永瑞和尹佳，2020）。给推荐人推荐奖励可能导致信息接收人怀疑推荐人的推荐动机，进而增加信息接收人购买产品时的心理成本，在这种情况下，同时给推荐人和信息接收人奖励更有利于提升推荐链接的转化率（Xiao 等，2011）。近几年学者开始关注社交网络结构特征对最优推荐奖励策略的影响。研究发现，当社交网络中消费者之间的影响力差别较大时，通过提供推荐奖励的方式激励现有顾客进行产品推广比价格折扣策略更有效，而当消费者之间的影响力比较相近时，采用价格折扣策略将更有效（Leduc 等，2017）。在不同社交网络结构下，线性报酬方式与阈值报酬方式的表现不同，当消费者在社交网络中的度服从幂律分布时，阈值报酬方式比线性报酬方式表现更好；而当个体连接度服从泊松分布时，线性报酬方式比阈值报酬更好。网络连接密度也会影响不同渠道产品的推荐效果。当网络连接密度较稀疏时，通过个人邮件的一对一推荐更有效，而当网络连接密度较高时，通过社交媒体的一对多的公开推荐更有效（Carroni 等，2020）。

　　大量实证研究通过数据验证了不同社交关系下推荐奖励的不同效果。在描述人与人之间的不同社交关系时，最常用的方法是将人际关系分为强关系与弱关系（Granovetter，1973）。强关系包括与自己最为亲密的人，如挚友和家人等；而弱关系包括自己不太了解的人，如同事或仅认识但不了解的社群成员等（Adams，2011）。在不同的社交关系下，推荐人感知的推荐成本和接收人对推荐的信任程度不同，进而推荐效果不同。研究显示，当推荐人和接受人之间为强关系时，消费者在有推荐奖励和没有推荐奖励的情况下接受推荐的可能性是一样的。然而，在弱关系下，消费者在没有推荐奖励的情况下比在有推荐奖励的情况下更有可能接受推荐（Sciandra，2019）。弱关系下，在提供推荐奖励的同时进行价格折扣更易引起消费者对产品质量的担忧。有学者指出，推荐奖励营销方案通常与传统的广告营销方案同时推进，当排除广告的影响效应后，基于强关系的产品推荐在促进产品推广方面比弱关系更有效。学者们针对如何提升不同社交关系下推荐链接的转化率展开了研究。多数研究指出，在不同社交关系下最优推荐奖励的额度和支付对象存在差异（Verlegh 等，2013；Wang 和 Chen，2022）。当社交关系较弱时，企业应单独奖励信息接收人；而当社交关系较强时，企业应单独奖励产品推荐人（魏尉等，2021）。对于弱关系和弱品牌，奖励推荐人很重要；而对于强关系和强品牌，向信息接收人提供一些奖励将更有效（Ryu 和 Feick，2007）。基于对产品推广平台上产品推荐相关数据的分析发现，同时奖励推荐人和信息接收人可显著提高推荐链接的转化率（Jung 等，2021）。

综上，在国内外关于最优产品推荐奖励策略的理论研究中，现有研究只分析了对所有消费者制定相同奖励额度的统一推荐奖励策略。然而，实证研究表明不同社交关系下推荐人感知的推荐成本和接收人对推荐的信任程度存在差异，进而影响推荐人的参与度以及推荐链接的转化率。这意味着为改善产品推荐的效果，企业可以依据个体之间的不同社交关系制定差异化的推荐奖励策略。基于此，本章将细化社交网络中产品推荐人与信息接收人之间的社交关系，分别分析在强关系和弱关系下企业最优的产品定价与推荐奖励策略。然后，研究将基于产品购买与推荐的扩散过程，分析长期扩散稳态下差别推荐奖励的效果。最后，研究将拓展分析不同社交关系下企业同时给推荐人推荐奖励和接收人优惠券的最优双向奖励策略。

4.3 模 型 设 定

研究模型考虑一家企业通过线上渠道销售一种新产品。在初始阶段，部分消费者已通过企业的传统广告等渠道知晓了产品信息。企业通过提供推荐奖励的方式激励知晓产品信息的顾客将产品推荐给更多的潜在顾客。研究将初始阶段知晓产品信息的顾客数标准化为 1，该知晓产品信息的顾客的社交圈好友数为 n，其中强关系好友数为 αn，弱关系好友数为 $(1-\alpha)n$。$0 \leqslant \alpha \leqslant 1$，表示顾客社交圈好友中强关系好友所占的比例。企业基于对顾客社交数据的分析已获取顾客与社交圈好友的关系类型。模型分析企业针对强关系推荐和弱关系推荐的最优差别推荐奖励策略。企业决策最优的产品售价 p 和成功推荐强关系好友的奖励额度 r_s 以及成功推荐给弱关系好友的奖励额度 r_w。下标 s 表示强关系，下标 w 表示弱关系。

消费者对产品的估值是异质的，用 v 表示，研究假设 v 服从区间 $[0, 1]$ 上的均匀分布。消费者的强关系好友主要包括非常了解的家人和密友等，因此研究假设在强关系下，推荐人知道接收人的产品偏好，即推荐人知道接收人的产品估值。消费者的弱关系好友主要包括社交圈中不常联系的好友，因此研究假设在弱关系下，推荐人不能准确知道接收人的产品偏好，只知道弱关系好友的产品估值服从 $[0, 1]$ 区间上的均匀分布。进而可知，当将产品推荐给弱关系好友时，推荐人面临推荐后接收人不购买产品的风险。用 c 表示顾客每推荐一次产生的推荐成本，该成本可以是推荐产生的时间或精力成本，也可以是由于顾客担心参与有奖励的产品推荐会影响其形象而导致的心理成本等。研究将产品的推荐成本也标准化到 $[0, 1]$ 范围内。

产品推荐和购买的关键事件如下：第一，企业向知晓产品信息的顾客展示产品并公布产品价格；第二，顾客在产品信息界面可以看到分享得奖励的选项；第三，当顾客点击分享选项后，企业会向其展示可以推荐的好友列表，以及成功向这些好友推荐可以获得的差别奖励额度；第四，顾客决定是否购买或推荐产品；第五，如果接收人通过推荐链接购买了产品，那么企业将支付推荐人相应的推荐奖励。

4.4　最优产品推荐奖励策略

4.4.1　基于社交关系的差别推荐奖励策略

在差别推荐奖励策略下，企业优化产品售价 p、强关系推荐的奖励额度 r_s 以及弱关系推荐的奖励额度 r_w 使利润最大。企业的优化问题如问题(4-1) 所示：

$$\max_{[p,\ r_s,\ r_w]} \pi = p(1-p) + \alpha n(p-r_s)(1-p)I_{\{r_s \geq c\}} + (1-\alpha)n(p-r_w)(1-p)I_{\{(1-p)r_w \geq c\}}$$

$$\text{s.t.} \quad r_s \leq p$$

$$\quad r_w \leq p \tag{4-1}$$

利润函数的第一项为企业向推荐人销售产品可以获得的期望利润，第二项与第三项分别为强关系推荐购买和弱关系推荐购买给企业带来的期望利润。其中 $I_{\{r_s \geq c\}}$ 和 $I_{\{(1-p)r_w \geq c\}}$ 为指示函数，分别满足 $I_{\{r_s \geq c\}} = \begin{cases} 1 & \text{如果 } r_s \geq c \\ 0 & \text{如果 } r_s < c \end{cases}$ 和 $I_{\{(1-p)r_w \geq c\}}$

$= \begin{cases} 1 & \text{如果}(1-p)r_w \geq c \\ 0 & \text{如果}(1-p)r_w < c \end{cases}$。

推荐人有 αn 个强关系好友，推荐人知道强关系好友的产品估值。当企业提供的推荐奖励不低于推荐成本时，即 $r_s \geq c$ 时，推荐人会将产品推荐给估值不低于产品价格的强关系好友。研究假设 αn 个强关系好友的产品估值分布与总体人群的产品估值分布一致，即也服从 $[0,1]$ 区间上的均匀分布。可知，αn 个强关系好友中产品估值高于产品价格的期望人数为 $\alpha n(1-p)$。因此，当 $r_s \geq c$ 时，将有 $\alpha n(1-p)$ 个好友接收到产品推荐信息并购买产品。企业从强关系推荐购买获得的边际利润为 $(p-r_s)$。

推荐人有 $(1-\alpha)n$ 个弱关系好友，推荐人只知道弱关系好友的产品估值服从 $[0,1]$ 区间上的均匀分布。当推荐产品可以获得的期望奖励不低于推荐成本时，即 $(1-p)r_w \geq c$ 时，推荐人会将产品推荐给弱关系好友。弱关系好友中将有 $(1-p)$ 比例的人购买产品。企业从弱关系推荐购买获得的边际利润为 $(p-r_w)$。基于对问题 $(4\text{-}1)$ 的分析，企业最优的产品定价与差别推荐奖励策略总结在命题 4.1 中。

命题 4.1：企业最优产品定价、差别推荐奖励策略以及最优利润总结如表 4-2 所示。

表 4-2　差别推荐奖励策略下最优定价、奖励策略

条件	p^*	r_s^*	r_w^*	π^*
当 $0 \leq c < \bar{c}_1$ 时	$\dfrac{1+n(\alpha c+1)}{2(n+1)}$	c	$\dfrac{2(n+1)c}{n+1-\alpha cn}$	$\dfrac{((\alpha c+1)n+1)^2}{4(n+1)} - cn$

续表

条件	p^*	r_s^*	r_w^*	π^*
当 $\bar{c}_1 \leqslant c < \dfrac{\alpha n + 1 - \sqrt{\alpha n + 1}}{\alpha n}$ 时	$\dfrac{\alpha n + 1 + \alpha n c}{2(\alpha n + 1)}$	c	0	$\dfrac{((1 - c)\alpha n + 1)^2}{4(\alpha n + 1)}$
当 $\dfrac{\alpha n + 1 - \sqrt{\alpha n + 1}}{\alpha n} \leqslant c \leqslant 1$ 时	$\dfrac{1}{2}$	0	0	$\dfrac{1}{4}$

命题 4.1 中临界值 $\bar{c}_1$ 的表达式总结在附录中。命题 4.1 中的结果显示，首先，当推荐成本 c 较低时(即 $c < \bar{c}_1$ 时)，企业应通过差异化的推荐奖励激励推荐人将产品同时推荐给其强关系好友和弱关系好友。给强关系推荐的最优奖励额度等于用户的推荐成本；而为激励用户将产品推荐给弱关系好友，企业需提供高于推荐成本的奖励额度。容易得出，最优推荐奖励额度随推荐成本的提高而增加，企业的最优利润随推荐成本的提高而降低。其次，随着推荐成本增加，弱关系间的产品推荐越来越没有优势，当推荐成本达到特定水平时(即 $\bar{c}_1 \leqslant c < \dfrac{\alpha n + 1 - \sqrt{\alpha n + 1}}{\alpha n}$ 时)，激励顾客将产品推荐给弱关系好友需付出很大的成本，此时，企业应放弃弱关系间的推荐，只激励强关系间的推荐。最后，当推荐成本过高时(即 $c \geqslant \dfrac{\alpha n + 1 - \sqrt{\alpha n + 1}}{\alpha n}$ 时)，通过有奖推荐激励用户进行产品推广已无利可图，此时企业应放弃推荐奖励策略，不再提供推荐奖励。

4.4.2　基准模型：统一推荐奖励策略

为深入探讨差别推荐奖励策略的价值，本小节分析企业给不同关系的推荐提供相同推荐奖励的基准模型。在统一推荐奖励策略下，企业的优化问题如下：

$$\max_{[p_{\text{ben}}, \ r_{\text{ben}}]} \pi_{\text{ben}} = p_{\text{ben}}(1 - p_{\text{ben}}) + \alpha n(p_{\text{ben}} - r_{\text{ben}})(1 - p_{\text{ben}})I_{\{r_{\text{ben}} \geqslant c\}} +$$

$$(1 - \alpha)n(p_{\text{ben}} - r_{\text{ben}})(1 - p_{\text{ben}})I_{\{(1 - p_{\text{ben}})r_{\text{ben}} \geqslant c\}} \tag{4-2}$$

$$\text{s. t.} \quad r_{\text{ben}} \leqslant p_{\text{ben}}$$

其中，$I_{\{r_{\text{ben}} \geq c\}}$ 和 $I_{\{(1-p_{\text{ben}})r_{\text{ben}} \geq c\}}$ 为指示函数，分别满足 $I_{\{r_{\text{ben}} \geq c\}} = \begin{cases} 1 & \text{如果 } r_{\text{ben}} \geq c \\ 0 & \text{如果 } r_{\text{ben}} < c \end{cases}$ 和

$I_{\{(1-p_{\text{ben}})r_{\text{ben}} \geq c\}} = \begin{cases} 1 & \text{如果}(1-p_{\text{ben}})r_{\text{ben}} \geq c \\ 0 & \text{如果}(1-p_{\text{ben}})r_{\text{ben}} < c \end{cases}$。与差别推荐奖励模型类似，这里利润函

数的第一项为企业向推荐人销售产品可以获得的期望利润，第二项与第三项分别为强关系推荐购买和弱关系推荐购买给企业带来的期望利润。

命题 4.2：统一推荐奖励策略下，最优定价、奖励策略和最优利润总结在如表 4-3 所示。

表 4-3　统一推荐奖励策略下最优定价、奖励策略以及最优利润

条件	p_{ben}^*	r_{ben}^*	π_{ben}^*
当 $0 \leq c < \bar{c}_2$ 时	$\dfrac{1}{2}$	$2c$	$\dfrac{n+1}{4} - cn$
当 $\bar{c}_2 \leq c < \dfrac{\alpha n + 1 - \sqrt{\alpha n + 1}}{\alpha n}$ 时	$\dfrac{\alpha n + 1 + \alpha n c}{2(\alpha n + 1)}$	c	$\dfrac{[(1-c)\alpha n + 1]^2}{4(\alpha n + 1)}$
当 $\dfrac{\alpha n + 1 - \sqrt{\alpha n + 1}}{\alpha n} \leq c \leq 1$ 时	$\dfrac{1}{2}$	0	$\dfrac{1}{4}$

命题 4.2 中，临界值 $\bar{c}_2$ 的表达式总结在附录中。在统一推荐奖励策略下，当推荐成本较低时，企业应提供充分的奖励额度激励用户将产品推荐给强关系和弱关系好友，此时最优产品定价策略为 $\dfrac{1}{2}$，最优推荐奖励额度为 $2c$。可以发现，此时最优产品价格与不采取推荐奖励策略时的产品定价一致。与差别推荐奖励策略相似，当推荐成本较高但又低于特定临界值时，企业应只激励顾客将产品推荐给强关系好友；而当推荐成本很高时，企业应放弃采用推荐奖励策略。

4.4.3　差别推荐奖励策略与统一推荐奖励策略对比分析

本小节通过对比差别推荐奖励策略与统一推荐奖励策略下企业的最优策略与最

优利润的差异，探讨基于社交关系的差别推荐奖励策略的价值。记 $\Delta = \pi^{*} - \pi^{*}_{\text{ben}}$，具体比较结果总结在如下命题 4.3 和命题 4.4 中。

命题 4.3：(i) 当 $0 \leqslant c < \bar{c}_2$ 时，$\Delta = \dfrac{\alpha cn(\alpha cn + 2n + 2)}{4(n + 1)} \geqslant 0$，$\Delta$ 关于 c 递增；

(ii) 当 $\bar{c}_2 \leqslant c < \bar{c}_1$ 时，$\Delta = \dfrac{1}{4}\left[\dfrac{(acn + n + 1)^2}{n + 1} - \dfrac{(1 + an - anc)^2}{an + 1} - 4cn\right] > 0$，$\Delta$ 关于 c 递减；(iii) 当 $\bar{c}_1 \leqslant c \leqslant 1$ 时，$\Delta = 0$。

命题 4.4：(i) 当 $0 \leqslant c < \bar{c}_2$ 时，$p^{*} > p^{*}_{\text{ben}}$，$r^{*}_s < r^{*}_{\text{ben}}$，$r^{*}_w > r^{*}_{\text{ben}}$；(ii) 当 $\bar{c}_2 \leqslant c < \bar{c}_1$ 时，$p^{*} < p^{*}_{\text{ben}}$，$r^{*}_s = r^{*}_{\text{ben}}$，$r^{*}_w > r^{*}_{\text{ben}}$；(iii) 当 $\bar{c}_1 \leqslant c \leqslant 1$ 时，两种模型下定价与推荐奖励策略相同。

命题 4.3 中的结果表明，当推荐成本较低时，企业可以通过基于不同社交关系的差别推荐奖励策略获取更多利润。这是因为在统一推荐奖励策略下，企业需要给强关系推荐和弱关系推荐相同的奖励，同时企业需要采取低价策略激励用户推广和采纳产品。而在差别推荐奖励策略下，企业可以适当提高产品价格，然后通过灵活的推荐奖励方案激励用户参与推荐，实现利润的改进，如命题 4.4 中第 (i) 条所述。这一研究发现对当今电商与社交技术融合背景下消费者产品推荐成本总体较低情景下企业优化产品推荐激励策略提供重要指导。当推荐成本较低时，与统一推荐奖励相比，差别推荐奖励带来的利润增长关于顾客的推荐成本递增，这意味着随着顾客推荐成本的增加，企业更应该采用差别推荐奖励方案以更好地激励顾客进行推荐。

当推荐成本处于相对较高的水平时，统一推荐奖励策略下企业会先放弃弱关系间的推荐，此时在差别推荐奖励策略下，企业需通过更低的价格和更高的奖励激励弱关系间的推荐(如命题 4.4 中第 (ii) 条所述)，差别推荐奖励策略的优势逐渐减少。当推荐成本特别高时，企业只激励强关系间的推荐或不采用推荐推广策略，此时，差别推荐奖励方案与统一推荐奖励方案相同，进而两种情形下的最优利润无差异。

图 4-1 展示了差别推荐奖励与统一推荐奖励策略下企业最优利润随推荐成本 c 的变化趋势以及差别推荐奖励策略带来的利润增长的百分比。图 4-1 的参数设置为

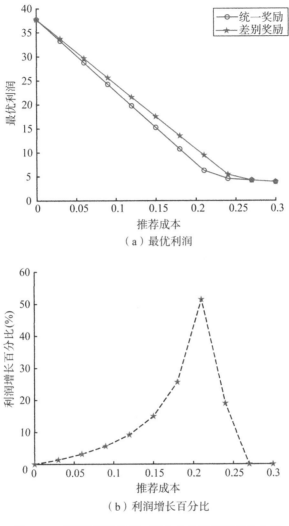

（a）最优利润

（b）利润增长百分比

图 4-1 不同推荐奖励策略下企业最优利润对比分析

$\alpha = 0.2$，$n = 150$，这一参数设置遵循个体拥有稳定的社交人数约 150 人，其中约 20% 为强关系，80% 为弱关系的规律（Dunbar, 2022）。从图 4-1（a）中可以看出，当推荐成本较低时，企业采取基于社交关系的差别推荐奖励策略更优。随着 c 的增大，差别推荐与统一推荐的利润都在降低，而统一推荐奖励策略下的利润下降速度更快。随着推荐成本的增大，企业的奖励计划向只激励强关系推荐转变，当$c > 0.25$

时，差别推荐奖励与统一推荐奖励策略都只激励强关系推荐或不采用推荐推广策略，两种情形下的利润相同。图 4-1(b)显示，当推荐成本低于一定临界值时，随着推荐成本的提高，两种策略下企业可获得的利润差距会逐渐拉大，实施差别推荐奖励策略的价值显著，在这个单次推荐扩散模型下，差别推荐奖励最高可以实现约 50%的利润增长。当 c>0.22 时，统一推荐方案转变为只激励强关系推荐，而差别推荐奖励策略通过低价格和高奖励的方式激励弱关系间的推荐，差别推荐奖励策略的优势逐渐减小。

4.5　多阶段产品推荐推广仿真分析

　　企业的产品推荐推广过程是一个多阶段动态扩散过程。本章基于第三章中关于最优产品定价与推荐奖励的理论分析结果，仿真分析差别推荐奖励策略在长期推广中的效果。研究选取斯坦福大学整理并公开的 Facebook 和 Twitter 社交网络数据进行仿真(Leskovec，2022)。网络数据的关键特征总结如表 4-4 所示。

表 4-4　仿真网络关键特征数据

网络名	节点数	连接数	平均度	网络数据类型
Facebook	4039	88234	43.69	无向网络
Twitter	81306	1768149	43.49	无向网络

　　Facebook 与 Twitter 网络中节点的平均好友数约为 44 人，因此，在仿真分析中设定 $n=44$。此外，结合社会网络领域关于每个人的社交好友中，约 20%为强关系，80%为弱关系的相关理论(Adams 2011；Dunbar 2022)，仿真分析设定 $\alpha=0.2$。

　　仿真第一步在[0，1]区间内以步长为 0.01 对推荐成本 c 进行取值。第二步，在每一推荐成本下，按照[0，1]区间上的均匀分布对网络中节点的产品估值进行随机赋值。第三步，随机选取 10%的节点作为已知晓产品信息的种子节点(即在 Facebook 网络中选 40 个种子节点，在 Twitter 网络中选 81 个种子节点)，基于第 3

节中推导的定价和奖励策略设定产品价格和推荐奖励，激励知晓产品信息的节点购买或推荐产品。产品信息会随着时间的推移通过节点的推荐逐步扩散，直至达到稳态，即直至不再有新的节点推荐和购买。最后，在每一推荐成本下，仿真重复第二步与第三步 1000 次，计算企业在同一推荐成本下利润的平均值。因 Twitter 网络与 Facebook 网络下企业最优利润随推荐成本的变化趋势相近，因此下面以 Facebook 网络为例展示在长期推荐扩散稳态下企业最优利润的性质，如图 4-2 所示。

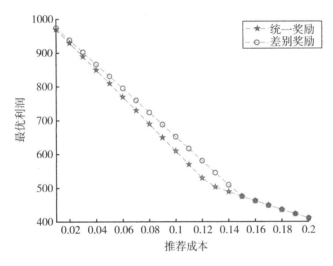

图 4-2 长期稳态下企业最优利润对比分析

图 4-2 中的仿真分析结果验证了差别推荐奖励策略在长期稳态下的优势。从图 4-2 中可以发现，与统一推荐奖励策略相比，当推荐成本相对较低时，差别推荐奖励策略下企业在长期稳态下的利润高于统一推荐奖励策略下企业的利润；当推荐成本高于一定水平时，差别推荐奖励策略和统一推荐奖励策略都只激励强关系推荐或不激励任何推荐，此时两种策略下企业的利润相同。图 4-3 展示了在长期信息扩散稳态下，差别推荐奖励策略比统一推荐奖励策略创造的利润增长的百分比。可以发现，当推荐成本相对较低时，在长期稳态下利润的提升可以达到 8% 以上。当推荐成本超过一定水平时，企业逐步向只激励强关系推荐转变，两种策略下利润的差异逐渐减小。

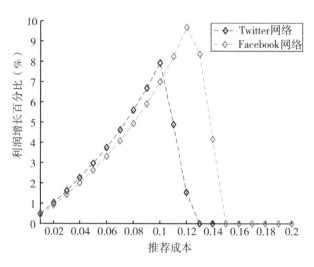

图4-3　长期稳态下差别奖励策略创造的利润增长百分比(与统一奖励策略相比)

在长期稳态下，产品信息的扩散规模以及产品的采纳人数情况如图4-4所示。从图4-4(a)可以发现，首先，当推荐成本较低时，无论是在统一推荐奖励策略或是差别推荐策略下，产品信息都将得到很大规模扩散。而随着推荐成本的增大，统一推荐奖励策略将先放弃弱关系接收人市场，此时，差别推荐奖励策略创造更多产品信息扩散的优势就凸显了出来。当推荐成本处于中间水平时(例如，当$0.13 < c < 0.15$时)，差别推荐奖励策略实现的市场扩散规模将显著高于统一推荐激励策略下产品信息的扩散规模。当推荐成本特别高时，两种策略下产品定价和推荐奖励额度一致，此时产品信息扩散规模相同。图4-4(b)展示了长期稳态下产品的采纳情况。当推荐成本较低时，差别推荐奖励模型中的产品定价高于统一推荐奖励时的产品定价，因此产品购买量相对较低。但当推荐成本处于一个特定的中等水平时，差别推荐奖励策略可以成功激励顾客将产品同时推荐给强关系和弱关系好友，此时差别推荐奖励策略下产品的购买量将显著高于统一推荐奖励策略下产品的购买量。这些仿真结果也启示企业可结合顾客的产品推荐成本选择产品推荐奖励策略，当推荐成本在特定范围内时，差别推荐奖励策略将明显优于统一推荐奖励策略。

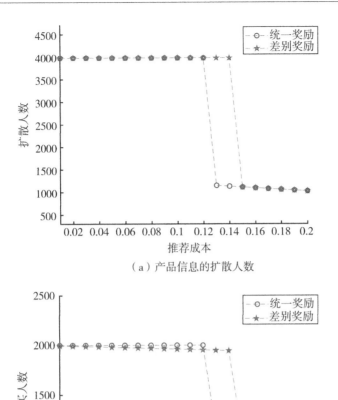

（a）产品信息的扩散人数

（b）产品采纳人数

图 4-4 不同推荐奖励策略下产品信息扩散与采纳情况

4.6 拓展研究：基于社交关系的最优双向推荐奖励策略

基于实证研究中关于给信息接收人提供适当优惠券可以提升推荐转化率的研究发现，本节拓展分析在不同社交关系下同时给推荐人奖励和接收人优惠券的最优双向推荐奖励策略。分别用 δ_s 和 δ_r 表示强关系推荐与弱关系推荐下给接收人的优惠券额度。在此模型下，强关系好友中愿意购买产品的人数占比为 $\Pr(v \geq p - \delta_s) = 1 - p + \delta_s$，弱关系接收人购买的概率为 $\Pr(v \geq p - \delta_w) = 1 - p + \delta_w$。双向推荐奖励下企业的优化问题为：

$$\max_{[p, \, r_s, \, r_w, \, \delta_s, \, \delta_w]} \pi = p(1 - p) + \alpha n(p - r_s - \delta_s)(1 - p + \delta_s) I_{\{r_s \geq c\}}$$

$$+ (1 - \alpha)n(p - r_w - \delta_w)(1 - p + \delta_w) I_{\{(1 - p + \delta_2)r_w \geq c\}} \tag{4-3}$$

$$\text{s. t.} \quad \begin{aligned} r_s + \delta_s &\leq p \\ r_w + \delta_w &\leq p \end{aligned}$$

其中指示函数 $I_{\{r_s \geq c\}}$ 和 $I_{\{(1 - p + \delta_r)r_w \geq c\}}$ 分别满足 $I_{\{r_s \geq c\}} = \begin{cases} 1 & \text{如果 } r_s \geq c \\ 0 & \text{如果 } r_s < c \end{cases}$ 和 $I_{\{(1 - p + \delta_w)r_w \geq c\}}$

$= \begin{cases} 1 & \text{如果 } (1 - p + \delta_w)r_w \geq c \\ 0 & \text{如果 } (1 - p + \delta_w)r_w < c \end{cases}$。

命题 4.5： 在不同社交关系下企业最优双向推荐奖励策略和最优利润总结在如表 4-5 所示。

表 4-5　双向推荐奖励策略下企业最优策略与最优利润

条件	p^*	r_s^*	r_w^*	δ_s^*	δ_w^*	π^*
当 $0 \leq c \leq \dfrac{1}{4}$ 时	$\dfrac{1 + \alpha n(c + 1)}{2(\alpha n + 1)}$	c	$2c$	0	$\dfrac{\alpha nc}{2(\alpha n + 1)}$	$\dfrac{(\alpha n + 1 - \alpha nc)^2}{4(\alpha n + 1)}$ $+ \dfrac{(1 - \alpha)n(1 - 4c)}{4}$
当 $\dfrac{1}{4} < c \leq$ $\dfrac{\alpha n + 1 - \sqrt{\alpha n + 1}}{\alpha n}$ 时	$\dfrac{1 + \alpha n(c + 1)}{2(\alpha n + 1)}$	c	0	0	0	$\dfrac{[(1 - c)\alpha n + 1]^2}{4(\alpha n + 1)}$
当 $\dfrac{\alpha n + 1 - \sqrt{\alpha n + 1}}{\alpha n}$ $< c \leq 1$ 时	$\dfrac{1}{2}$	0	0	0	0	$\dfrac{1}{4}$

命题 4.5 总结了考虑社交关系和奖励对象的最优双向推荐奖励策略。研究发现，在强关系下，推荐人了解接收人的产品偏好并将产品推荐给喜欢该产品的强关系好友，此时，企业无须给接收人提供优惠券。当推荐成本较低时（即当 $0 \leqslant c \leqslant \dfrac{1}{4}$ 时），企业将有动机激励用户将产品推荐给弱关系好友，此时对于弱关系间的推荐，企业应给接收人提供优惠券。基于命题 4.5 中的结果可以得出，当给接收人提供优惠券时，弱关系下推荐链接的转化率为 $\dfrac{1}{2}$，而不给接收人优惠券时，推荐链接的转化率为 $\dfrac{1}{2} - \dfrac{\alpha n c}{2(\alpha n + 1)}$（参见第三章的命题 3.1），这验证了弱关系下给接收人优惠券可以提高推荐链接的转化率。此外，通过对比命题 1 与命题 5 中最优的产品定价策略发现，在双向推荐奖励策略下，企业可以设置更高的产品价格，然后通过优惠券的形式激励接收人购买产品。这意味着双向推荐奖励策略对希望采取高价策略的企业更适用。

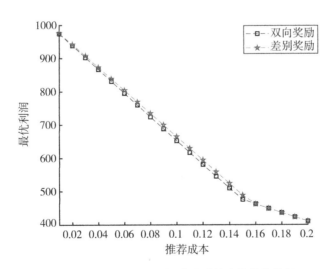

图 4-5　长期稳态下双向推荐奖励策略的价值分析

研究仿真分析了双向推荐奖励策略在产品长期推荐推广中的效果，具体结果如图 4-5 所示，仿真网络数据和参数设定与第 4.4 节中相同。图 4-5 显示，在

Facebook 网络中，当推荐成本低于特定的临界值时，双向推荐奖励策略在长期扩散
稳态下的表现优于单向差别推荐奖励策略，这是因为双向推荐奖励策略总体上提高
了推荐的转化率，提升了企业的利润。图 4-6 展示了与 4.3.1 节中的差别推荐奖励
策略相比时，双向推荐奖励可以创造的利润增长的百分比。从图 4-6 中可以发现，
相比于只奖励推荐人的推荐奖励策略，双向推荐奖励策略在长期稳态下可实现企业
利润约 3% 的增长。当推荐成本高于特定临界值时，企业将不再给接收人提供优惠
券，两种模型下的推荐奖励机制一致，因此两种模型下利润无差异。

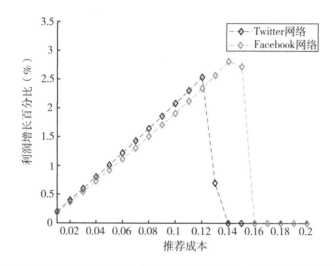

图 4-6　长期稳态下双向奖励策略创造的利润增长百分比(与单向差别奖励策略相比)

4.7　本章小结

　　本章系统分析了企业应如何基于消费者之间的不同社交关系优化其产品推荐推
广奖励策略。研究深入分析了企业最优的产品定价与差别推荐奖励策略。然后，研
究结合理论分析结果和实际社交网络数据，通过仿真分析检验了差别推荐奖励策略
在产品长期扩散稳态下的效果。最后，研究拓展分析了在不同社交关系下，企业最
优的双向推荐奖励策略及其效果。

研究发现：①当产品推荐成本较低时，企业应同时激励强关系和弱关系间的产品推荐，此时基于社交关系的差别推荐奖励策略明显优于统一推荐奖励策略，在长期扩散稳态下，差别推荐奖励策略可以为企业带来近 10% 的利润增长。在差别推荐奖励策略下，企业可以设置更高的产品价格，然后通过灵活的推荐奖励机制激励现有顾客进行产品推广，这一策略也帮助企业避免在弱关系下同时采用推荐奖励和低价策略而引起潜在顾客对产品质量的担忧问题。②随着推荐成本的提高，弱关系间产品推荐能够创造的效益越来越少，当推荐成本达到特定水平时，企业应放弃弱关系间的产品推荐，只激励强关系间的产品推荐；而当推荐成本特别高时，企业应整体放弃推荐推广策略。③在双向奖励机制下，企业可以进一步提高产品价格，然后通过给接收人优惠券的形式提升推荐链接转化率；当产品推荐成本较低时，相比于只奖励推荐人，双向推荐奖励机制可以进一步将企业利润提升近 3%。

这些研究结果表明，在当前消费者产品推荐成本总体较低的背景下，企业应充分利用其获取的社交网络数据信息，制定基于社交关系强度的差异化的推荐奖励机制。灵活的差别推荐奖励机制可以避免企业为吸引顾客不得不采取低价策略的困境；对于高价格定位的企业，可进一步采取基于社交关系的双向推荐奖励机制。在未来的研究中，学者可以进一步细化对消费者之间社交网络的刻画，分析基于消费者社交网络结构和个体社交影响力的最优差别推荐奖励策略。此外，学者还可以对多阶段产品推荐推广激励机制进行理论分析。

第5章 社交网络中不同类型影响者选择策略与产品推广效果研究

为探究社交网络中不同类型影响者的选择准则和产品推广效果，基于影响者粉丝数量的相对大小对影响者进行分类，研究节点度、局部中心性、邻域中心性以及三跳衰减中心性四种影响力度量指标对不同类型影响者的适用性，基于改进的信息传播模型并结合 BA 人工网络和 Enron 电子邮件网络，考虑不同类型影响者的佣金成本差异，仿真分析在相同预算约束下不同类型影响者的产品推广效果。结果表明：①基于节点度的方法在选择超级影响者时表现较好，而三跳衰减中心性方法在选择其他级别的影响者时表现更好。②给定相同的影响者数量，超级影响者的产品推广效果最好。③在相同预算约束下，纳米影响者的产品推广效果优于超级影响者。

5.1 引　　言

随着社交媒体的发展，越来越多的企业通过给社交网络中具有影响力的人提供免费产品或推广费用的方式激励影响者(influencer)推广产品。2023 年影响者营销基准评估报告指出，影响者营销产业将在 2023 年增长到 211 亿美元左右，21%的企业每年为影响者营销花费超过 10 万美元，并且 39%的企业更倾向于与纳米影响者合作，而仅有 12%的企业选择名人或超级影响者(Werner, 2023(a))。企业从寻找超级影响者到雇佣纳米影响者的转变一方面是因为营销预算的限制。据调查，在 Facebook 上雇佣一个超级影响者发布产品广告的平均花费超过 2.5 万美元，而纳米影响者只需要 25~250 美元(Werner, 2023(b))。另一方面，调查数据显示纳米影响者拥有比超级影响者更高的粉丝互动参与度，能够在一定程度上弥补他们粉丝较少的缺陷(Giuffredi-kähr，2020)。

影响者营销的本质在于利用影响者的影响力吸引更多消费者购买产品从而引起产品信息在社交网络中的不断扩散。Mallipeddi 等(2021)构建了社交网络中影响者营销理论优化框架，提出了短期和长期影响者选择和排班的优化模型与算法。Doshi 等(2021)是最早的将影响者类型纳入影响者营销模型的学者，作者通过考虑顾客的兴趣、行为、支付意愿及产品性质等因素，建立了仿真模型来模拟各种场景下的影响者营销活动，以发现最佳的影响者营销策略。网络中的影响者在一定程度上可以被视为意见领袖(贾微微和别永越，2021)。陈洪等(2017)通过系统动力学仿真模型验证了意见领袖能够对网络口碑传播产生积极作用。庞庆华等(2022)基于博弈分析和仿真实验证明了意见领袖会显著影响个体行为及策略。

在开展影响者营销活动时，影响者的选择对营销效果至关重要。然而，61%的营销人员认为很难为营销活动找到合适的影响者(Doshi，2021)。因此越来越多的学者开始对影响者的类型进行研究，以期为影响者营销活动寻找最有效的影响者类型。对于影响者的划分标准，最主流的方法是根据影响者的粉丝数量进行划分。Campbell 等(2020)将影响者划分为名人影响者(celebrity influencer，粉丝数量大于等于100万，在社交媒体外就已经获得了公众关注或名声)、超级影响者(mega influencer，粉丝数量大于等于100万，通过社交媒体成名，并且只是在自己所擅长的领域内比较有名)、大型影响者(macro influencer，粉丝数量在10万与100万之间)、微型影响者(micro influencer，粉丝数量在1万到10万之间)和纳米影响者(nano influencer，粉丝数量不到1万)五个类别。已有研究表明，在影响者营销中微型影响者可能比名人影响者带来更好的营销效果(Werner，2023(a)；Li 等，2019；Leonardi 等，2020)。微型影响者拥有更高的参与度，通过评论、回复等方式积极地与粉丝互动，这种与潜在客户的接触帮助影响者与粉丝之间建立起更强的关系，对营销效果有实质性的影响，弥补了其相较于名人而言追随者不足的缺陷(Giuffredi-kähr，2020)。

基于对现有文献的整理发现，目前关于不同类型影响者营销模型的研究还较少，关于影响者类型的研究也大多基于调研分析。在当前，分析针对不同类型影响者最合适的影响力度量指标、对比在预算约束下不同类型影响者产品推广效果仍是企业非常关心的问题。基于此，本章将在考虑影响者类型的基础上，建立影响者营销模型以模拟社交网络中的影响者营销活动，并提出基于三跳衰减中心性的影响力衡量方法，通过仿真实验验证模型有效性，探讨不同类型影响者在不同情况下的产品推广表现，为营销人员更有效地开展影响者营销活动提供理论借鉴。

5.2　相关文献回顾

5.2.1　影响者营销相关研究

Ki 和 Kim(2019)将影响者营销定义为利用关键影响者向消费者推广产品和服务的一种新兴的营销方式。受益于社交网络的迅猛发展和网络中信息的快速传播，影响者营销逐渐受到了营销人员的青睐(Lou 和 Yuan，2019)。然而，虽然影响者营销持续升温，影响者营销领域的理论研究还有很多不完善之处。现有相关研究主要对影响者和影响者营销的相关内涵、概念进行了讨论和界定。Uzunoğlu 和 Kip(2014)对影响者在品牌传播中的作用进行了研究，作者基于两级传播理论分析了品牌与影响者的互动机制。Khamis 等(2016)从营销的角度介绍了社交网络中微名人的概念以及社交媒体影响者的兴起带来的变化。

近几年有一些学者开始尝试对影响者营销的影响机制进行深入探究。例如，DeVeirman 等(2017)通过实验发现，在 Instagram 上拥有大量粉丝的影响者更受欢迎、更具影响力，但利用这些影响者推广产品可能会降低品牌的独特性进而影响消费者对品牌的态度，因此那些具有大量粉丝的影响者并不总是推广产品的最佳选择。Djafarova 和 Rushworth(2017)通过对 Instagram 上 18 名女性用户的深入采访，验证了影响者能够影响女性消费者的购买决策，研究还发现相对于传统名人来说，消费者认为非传统名人更可信且更愿意与他们建立联系，因此非传统名人可能更具有影响力。Xiao 等(2018)探究了 YouTube 上用户对影响者发布信息可信度感知的影响因素，作者发现信息的可靠性比影响者的专业知识对用户感知的可信度影响更大。

一些学者开始考虑消费者的个人情感因素并从消费者与影响者的特征一致性角

度研究影响者营销。Xu 和 Prat（2018）研究了旅游行业影响者代言的效果，研究发现影响者与消费者特征的一致性能够增强消费者对旅游目的地的游玩意向，并建议旅游业的营销人员选择与目标消费者群体具有一致性的影响者来推广景区。Shan 等（2020）探究了消费者与影响者的一致性对消费者品牌态度、品牌参与度和购买意愿的影响，研究发现与影响者的一致性能够促进消费者产生对影响者的认同感，从而提升影响者营销的有效性。Lou 和 Yuan（2019）对影响者通过社交媒体影响他人的机制进行了研究，研究发现影响者的可信度以及与粉丝的相似性能够提升粉丝对影响者的信任，从而影响品牌知名度和消费者购买意愿。

还有一些学者将影响者与消费者之间的关系描述为准社会关系，Hu 等（2020）从心理学角度出发，建立了粉丝黏性的理论模型，将粉丝对影响者的心理反应表示为自愿认同和准社会关系两种形式，并证明了这两种心理反应都能够显著影响追随者的粉丝黏性。马志浩等（2020）以网络直播为背景探究了用户的持续使用行为和主观幸福感，研究发现准社会关系能够直接影响用户的满意度，并且是用户主观幸福感的主要来源。此外，不少研究都证实了影响者营销对口碑传播的积极影响。例如，Hwang 和 Zhang（2018）证明了准社会关系能够显著影响消费者的购买意愿和口碑传播意愿。Jiménez-Castillo 和 Sánchez-Fernández（2019）发现利用影响者营销能够有效提高用户的参与度、对品牌的预期价值和购买意愿。

然而在上述相关研究中，详细分析不同类型影响者产品推广效果的研究还较少，大部分考虑影响者类型的研究是针对影响者的费用或赞助问题（Giuffredi-Kähr 等，2022；Boerman 和 Müller，2022）。Doshi 等（2021）是最早将影响者类型纳入影响者营销模型的学者，作者通过考虑消费者的兴趣、行为、支付意愿及产品性质等因素，建立了不同类型影响者产品推广信息扩散模型，并仿真分析了不同类型影响者的产品推广效果。本章研究基于 Doshi 等（2021）研究中对影响者类型的划分标准，进一步分析了适用于不同类型影响者的影响力度量指标，并进一步探究了不同类型影响者在不同影响力度量指标下的产品推广效果。

5.2.2　种子节点选取方法相关研究

在利用影响者进行产品推广时，选择什么样的影响者对营销效果至关重要。关于如何选择影响者以获得最好的产品推广效果的问题通常被称为影响力最大化问题，即最优地选择社交网络中信息传播的种子节点，以使信息传播范围达到最大。目前来说解决这个问题有两个主要途径，一是利用贪心算法及其改进算法通过遍历网络中的所有节点来寻找使信息传播范围最大的种子节点集合；二是结合启发式的影响力度量指标选择影响力大的节点。

经典的贪心算法最早由 Kempe 等（2003）提出，作者证明了影响力最大化问题的 NP-hard 性质，并验证了贪心算法在独立级联模型和线性阈值模型下的最优竞争率约为 63%。之后，学者们对贪心算法不断进行改进以提升其性能。Leskovec 等（2007）利用影响力最大化问题中扩展函数的次模性设计了比贪心算法快 700 倍的 CELF 算法。Chen 等（2009）对经典的贪心算法进行了改进，提出 New Greedy 算法，相比 CELF 算法，其在运行效率上提升了 15%～34%。Goyal 等（2011）在 CELF 算法的基础上提出了 CELF++算法，进一步提升了 35%～55%的运行效率。

然而，尽管学者们对贪心算法进行了许多的改进，它的运行效率依然较低。因此，一些学者设计了一些运行效率更高的启发式算法。基于度的启发式选种方法是最简单直观的一种方法，算法的思想是将网络中度最大的 k 个节点作为种子节点。该方法虽然符合现实中朋友越多的人影响力越大的直观经验，但在实际的信息传播过程中种子节点的影响范围可能有所重叠，进而导致信息传播效果不好。为了改善基于度的选种策略，Chen 等（2009）提出了度折扣（Degree Discount）启发式算法，该算法在一定程度上控制了种子节点间的距离，防止种子节点影响范围的重叠。Bae 和 Kim（2014）利用节点自身及其邻居的 k 核值定义节点的核中心性（coreness centrality），以此作为节点的影响力排序标准，通过在 SIR 模型上的实验证明了该方法能够有效衡量节点的影响力。Liu 等（2016）综合了节点及其一定跳数范围内邻居的中心性信息，提出邻域中心性（neighborhood centrality）以衡量节点的影响力，并通过实验证明了邻域中心性的有效性。除此之外，作者还发现邻域中心性的饱和效应，即在考虑节点的邻域时并非越大越好，在大多数情况下两跳以内的邻域会获得较好的传播结果，而考虑更多跳数的邻域则不会明显提升传播效果甚至导致传播效果变差。Zhang 等（2019）量化了节点间的有效距离，结合节点在网络中的位置及其局部结构来衡量节点影响力。Ni 等（2019）将节点间的影响分为直接和间接影响，根据熵的概念提出了基于熵的改进中心性，并通过仿真实验证明了该方法能够获得更快的扩散速度和更高的影响覆盖率。夏欣等(2021)针对度折扣算法中没有考虑节点邻居异质性等问题,提出了改进的度折扣算法,进一步提升了算法的准确性和运行效率。在本章研究中,作者结合社会科学领域中发现的一个节点通常只能影响其邻居的邻居的邻居,提出了基于三跳邻居影响力的三跳衰减中心性度量指标,并通过仿真分析验证了三跳衰减中心性在小 V 影响者选择上的有效性。

5.2.3 种子节点播种策略相关研究

在传统的影响力最大化问题中,研究通常聚焦种子节点的选择问题,即选择哪些节点作为种子节点以使信息扩散的规模最大或激活的节点最多。近几年,一些学者尝试提出产品推广效果更好的播种策略。例如,有研究提出在选定的种子节点数量下分批次播种可能获得比同时播种更好的产品推广效果(Ni 等,2019;Mallipeddi 等,2022)。Mallipeddi 等(2022)的研究指出分批播种效果更好可能是因为消费者对种子节点发表的产品推广信息具有遗忘效应,在这种情况下将种子节点安排成几批进行序列播种可以减弱这种遗忘效应,进而改善产品推广效果。Seeman 和 Singer (2013)将种子节点的播种过程分为两个阶段,提出了一种自适应播种策略,以有效利用节点邻居的潜力。Tong 等(2016)针对已有播种策略无法追踪影响传播的缺陷,提出了一种基于动态独立级联模型的贪婪自适应播种策略。Sela 等(2015)提出了一种计划播种方法(Scheduled Seeding Approach),该方法能够解决选择哪些节点作为种子以及何时进行播种的问题,与传统的单阶段播种方法相比,该方法将信息传播范围提高了 23%以上。Goldenberg 等(2018)通过提取传播模型的三种特性,提出了新的计划播种策略,重点研究了激活种子节点的最优时机。在以上这些播种策略中,种子节点不是一次性激活,而是随着时间的推进分批激活,且在每一次播种前会基于节点邻居中未被激活节点的情况重新衡量节点影响力,也有一些学者称这种播种策略为顺序播种策略(Ni 等,2020)。Jankowski 等(2017)将单阶段播种策略与顺序播种策略进行比较,证明了顺序播种策略能够获得比单阶段播种更高的影响罚盖率。此外,Jankowski 等(2017)对顺序播种策略进行拓展,提出了考虑缓冲的顺序播种策略,该算法能够在一定程度上避免将那些容易通过自然扩散被激活的节点选择为种子节点,从而更好地提升影响覆盖范围。

5.3　问　题　描　述

研究分析一家企业向消费者销售一款新产品，潜在消费者分布在社交网络中，每个消费者最多只购买一单位产品。使用图 $G(V, E, W)$ 表示一个无向加权的社交网络，图中的节点集合 V 代表消费者，边集合 E 代表消费者之间的联系，边权重集合 W 代表消费者之间的关系强度，权重越大表示两节点之间的影响越强。企业的目标是选择一组最优的种子节点 S，$S \subseteq V$，以通过种子节点开始产品信息的扩散为企业吸引更多采用者。

在影响者营销活动中，企业、影响者、消费者围绕产品展开的三方关系如图 5-1 所示。企业首先要寻找并雇佣一组影响者，他们会向邻居消费者推广产品。在营销活动开始后的每一个时间步中，消费者可能会不断收到来自邻居的产品推广信息，然后作出购买决策，并自发参与后续的信息传播过程。当某个时刻社交网络中不再有新的消费者决定购买产品时，影响者营销活动结束。

本章旨在探究在营销预算约束下社交网络中不同类型影响者的产品推广效果，研究需要完成以下三个主要任务：

（1）合理划分社交网络中的影响者类型。

（2）建立基于影响者的产品推广模型。

（3）基于网络数据仿真分析模型的有效性和不同级别网红的产品推广效果。

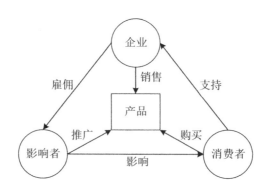

图 5-1　影响者营销示意图

5.4　影响者类型划分

目前，对影响者进行类别划分最主流的方法是基于影响者的关注者数量进行划分。Ismail(2023)将影响者类型分为四种，包括超级影响者(mega influencer，粉丝数量大于等于 100 万)、大型影响者(macro influencer，粉丝数量在 10 万与 100 万之间)、微型影响者(micro influencer，粉丝数量在 1000 至 10 万之间)和纳米影响者(nano influencer，粉丝数量小于 1000)。其中，超级影响者通常是体育明星、演员、歌手等名人，他们通常不是某些特定产品领域的专家，与粉丝之间的关系较为疏远；大型影响者通常指在社交媒体或平台上通过发布作品或内容而获得大量关注的网络红人；微型影响者是最大的影响者群体(Gómez，2019)，他们通常专注于某个特定的领域，如时尚、美妆、汽车、食品、科技等，粉丝数量相对较少，但他们与粉丝之间的联系较为紧密，在粉丝中享有较高的信任度和参与度(Chen，2023)；纳米影响者是粉丝量最小的影响者，其的粉丝大多是他们身边的朋友、熟人或当地社区的其他人。

Campbell 和 Farrell(2020)基于粉丝数量，感知的真实性、可及性，专业知识和文化资本，将影响者定义为五个不同的类别：名人影响者(celebrity influencer，粉丝数量大于等于 100 万)、超级影响者(mega influencer，粉丝数量大于等于 100 万)、大型影响者(macro influencer，粉丝数量在 10 万到 100 万之间)、微型影响者(micro influencer，粉丝数量在 1 万到 10 万之间)和纳米影响者(nano influencer，粉丝数量不到 1 万)。与 Ismail 不同的是，作者不仅在划分影响者类型的粉丝数量标准上有所变化，还将粉丝数量在 100 万以上的影响者分为了两种：一种是在社交媒体外就已经获得了公众关注或名声的名人影响者，比如不依靠社交媒体发展的演员、歌手、体育明星等；另一种是通过社交媒体收获大量粉丝的超级影响者，相比名人影响者来说，他们只是在自己所擅长的领域内比较有名，比如社交媒体或平台上的游戏主播、美妆博主等。

在本章的研究中，由于无法在完整、庞大、真实的社交网络中进行研究，研究选用的社交网络规模较小，从而无法完全按照上文所述的标准划分网络中的影响者类型，基于这种情况，本章借鉴了 Doshi 等（2021）的研究中基于节点度的相对大小的影响者划分方法，具体如下。

首先，计算社交网络中每个节点 v_i 的出度的相对大小 $r(i)$，如式（5-1）所示。

$$r(i) = \frac{d_{\mathrm{out}}(i)}{\max(d_{\mathrm{out}})} \times 100, \tag{5-1}$$

其中 $d_{\mathrm{out}}(i)$ 表示节点 v_i 的出度，$\max(d_{\mathrm{out}})$ 表示整个网络中的最大出度。然后，再基于 $r(i)$ 的大小将网络中的节点划分为六类，分别为名人（Celebrities，$90 \leq r(i) \leq 100$）、超级影响者（Mega-influencers，$50 \leq r(i) \leq 90$）、大型影响者（Macro-influencers，$25 \leq r(i) \leq 50$）、中型影响者（Mid-tierinfluencers，$12 \leq r(i) \leq 25$）、微型影响者（Micro-influencers，$6 \leq r(i) \leq 12$）和纳米影响者（Nano-influencers，$0 \leq r(i) \leq 6$）。

本章的研究采用了相近的划分方法。不过在本研究中由于实验网络数据节点数量的限制，研究保留了五种影响者类型，具体划分标准如表 5-1 所示。注意到，上述划分方法是基于有向网络提出的，对无向网络中影响者进行划分时，可以将式（5-1）中的出度替换为度。

表 5-1　影响者类型划分标准

范围	Doshi 等（2021）的影响者类型	本研究的影响者类型
$90 \leq r(i) \leq 100$	名人（Celebrities）	超级影响者
$50 \leq r(i) \leq 90$	超级影响者（Mega-influencers）	
$25 \leq r(i) \leq 50$	大型影响者（Macro-influencers）	大型影响者
$12 \leq r(i) \leq 25$	中型影响者（Mid-tierinfluencers）	中型影响者
$6 \leq r(i) \leq 12$	微型影响者（Micro-influencers）	微型影响者
$0 \leq r(i) \leq 6$	纳米影响者（Nano-influencers）	纳米影响者

5.5 影响者产品推广模型

基于影响者的产品推广模型主要包括信息扩散模型、种子节点选择模型以及相关的信息扩散细节，以下将分别进行介绍。

5.5.1 改进的信息传播模型

1. 消费者和影响者属性

市场中的消费者构成社交网络中的个体节点，可以按照表 5-1 中的相关标准将网络中的节点划分为不同类型的影响者。为了更加真实地模拟网络中个体的产品采纳行为，研究刻画了个体的一些主要相关特征，具体如下。

(1)消费者对产品的估值。估值体现了个体对产品价值的评估，这会直接影响个体的产品采纳行为。网络中的不同个体对产品的估值可能不同，这主要与个体的收入水平、产品偏好以及其他人口特征如性别和年龄等因素有关（Zheng 等，2020）。当网络中的节点 i 收到邻居传播过来的产品信息后，他会根据相关信息形成对产品的估值。研究假设网络中的消费者对产品的估值 V_0 服从均值为 μ、标准差为 σ 的正态分布，即 $V_0 \sim N(\mu, \sigma^2)$。

(2)消费者的被动性。Romero 等（2011）认为，社交网络中的消费者在接收到一条信息后，可能会选择忽视它，因此在研究社交网络中的信息传播时，应考虑节点的被动性。本章的研究借鉴了消费者被动性的概念，并定义如果某个节点在某一时刻是被动的，则他不会接收其邻居传来的信息，更不会购买产品或将信息传递给他的邻居；而如果他是非被动的，则可以进行接收信息、与邻居互动、购买产品、传递信息等一系列活动。为了简化模型，本章用参数 $\rho \in (0, 1)$ 来刻画整个社交网络中消费者的被动程度，ρ 值越大，表明网络中的节点在某一时刻被动的概率越大。

(3)影响者的参与度。社交网络中的个体通过留言、点赞、评论、转发等方式参与社交媒体上的互动（Tussyadiah 等，2018）。例如，影响者在微博、Instagram、Facebook 等社交媒体上发布产品广告信息之后回复其粉丝的评论、留言等。Doshi

等(2021)指出影响者的参与度可以通过计算点赞数、评论数等总互动量与粉丝总数的比例得到,因此参与度也可以解释为影响者与其追随者之间进行互动的概率。同时,已有研究表明,影响者的参与度与其粉丝数量之间存在相关性,一般影响者的粉丝越多,则参与度越低(Giuffredi-Kähr 等,2022)。本章借鉴了 Doshi 等(2021)对不同类型影响者的参与度的计算方法,设定了不同类型影响者的参与度标准,具体如表 5-2 所示。

表 5-2 不同类型影响者的参与度

影响者类型	参与度
超级影响者	5%
大型影响者	12%
中型影响者	18%
微型影响者	25%
纳米影响者	30%

Doshi 等(2021)的研究指出,在信息的传播过程中,影响者与消费者之间的互动会增加影响者对消费者的影响。因此,本章的研究引入了基于参与度的影响力更新,具体如式(5-2)所示:

$$w_{ij} = \begin{cases} w_{ij} + z & \text{如果 } \varphi_t(i, j) > \text{Random Uniform}[0, 1] \\ w_{ij} & \text{其他} \end{cases} \tag{5-2}$$

其中 w_{ij} 表示节点 i 对节点 j 的影响力,$\varphi_t(i, j) = \varepsilon(i)$ 表示影响者 i 与其邻居 j 进行互动的概率,$\varepsilon(i)$ 表示影响者 i 的参与度,参数 z 为影响力的更新量,$z > 0$。式(5-2)表示节点 i 对节点 j 的影响力会按照与节点 i 的参与度成相对应的概率进行更新。

(4)影响者的雇佣成本。在实践中,企业通常会基于影响者的粉丝数量制定相应的报酬机制(Campbell 和 Farrell,2020;曹玖新等,2018)。还有一些研究表明,对产品估值较高的消费者往往更渴望推广该产品,并影响其他消费者对该产品的态度(Sweeney 等,2020)。基于此,本章提出了基于影响者粉丝数量和产品估值的影响者雇佣成本计算方法。具体而言，研究考虑影响者 i 的雇佣成本会在与其粉丝数量相关的一个范围内波动，记波动范围为 $[l(i)，u(i)]$，其中：

$$\begin{cases} l(i) = (1 - a) \times d(i) \\ u(i) = (1 + b) \times d(i) \end{cases} \tag{5-3}$$

$a \geq 0$ 和 $b \geq 0$ 是成本波动范围的可调参数，$d(i)$ 表示节点 i 的度（在有向网络中为出度），即为节点 i 的粉丝数量。进而，影响者 i 的成本定义为：

$$c(i) = l(i) + (u(i) - l(i)) \times (1 - v_0(i)) \tag{5-4}$$

$v_0(i)$ 表示节点 i 对产品的估值。式(5-4)中表示影响者 i 的雇佣成本主要取决于其粉丝数量，同时允许一定程度的波动，这个波动主要与影响者 i 的产品估值有关，影响者 i 对产品的估值越高，则雇佣成本更低。

2. 影响力衰减模型

Wang 等(2018)在研究影响力最大化问题时，引入了影响力衰减的概念，并将影响力的衰减分为沿信息传播路径按深度衰减和随信息传播过程按时间衰减两种类型。例如，当市场中新推出一件产品时，早期采用者通常更容易感到兴奋并且想要积极地与朋友讨论该产品；而对于那些晚采用者，产品已不再"新鲜"和"稀奇"，他们向朋友讨论产品的热情会大大降低。受到这篇文章的启发，本章假设在信息传播的过程中，个体传播信息的热情和能力不会一直存在且保持恒定，而是随着时间的推移逐渐衰减。研究定义影响力随信息传播过程按时间衰减的衰减系数 $\beta(t)$，具体为：

$$\beta(t) = e^{-\lambda t} \tag{5-5}$$

衰减因子为与时间相关的指数函数，其中 λ 是衰减系数的可调参数，可以在一定程度上表示不同类型的产品，λ 的值越大，表示影响力的衰减就越快。

3. 消费者购买决策

本章的研究考虑了网络邻居对个体产品采纳决策的影响(Zheng 等，2020；Kempe 等，2005)。具体而言，在时刻 t，收到产品信息的消费者会基于自身对产品的初始估值以及来自朋友中已经采纳产品的节点的影响，更新其产品估值，更新后

的产品估值 $v_{\mathrm{new},\,t}(i)$ 满足：

$$v_{\mathrm{new},\,t}(i) = (1 - \xi) \times v_0(i) + \xi \times \eta_t(i) \tag{5-6}$$

其中可调参数 $\xi \in (0,\,1)$ 表示社会化影响强度的大小，$v_0(i)$ 表示节点 i 的初始产品估值，$\eta_t(i)$ 表示在时刻 t 节点 i 受到其邻居中已经购买产品的影响的量，它的取值为已激活邻居对节点 i 影响强度之和占所有邻居影响和的比重，即：

$$\eta_t(i) = \frac{\sum_{j \in \Gamma(i) \cap A_t} w_{ji}}{\sum_{j \in \Gamma(i)} w_{ji}} \tag{5-7}$$

其中 $\Gamma(i)$ 表示节点 i 的一阶邻居的集合，A_t 表示在 t 时刻网络中的全部已激活节点集合。$\eta_t(i)$ 体现在时刻 t 邻居中已激活节点的影响在总的邻居影响中所占的比重。

研究假设，当节点 i 在时刻 t 接收到产品信息时，其将以与 $v_{\mathrm{new},\,t}(i)$ 成正比的一个概率采纳产品，同时采纳概率还会按照式(5-5)中的衰减因子进行衰减，研究用 $\psi_t(i)$ 表示在时刻 t 当节点 i 接收到产品信息时采纳产品的概率，有：

$$\psi_t(i) = v_{\mathrm{new},\,t}(i) \times \beta(t) \tag{5-8}$$

相应地，研究用随机变量 $\chi_t(i)$ 表示节点 i 在时刻 t 收到产品信息后的购买决策，有：

$$\chi_t(i) = \begin{cases} 1 & \text{如果 } \psi_t(i) \geqslant \mathrm{Random\ Uniform}[0,\,1], \\ 0 & \text{其他} \end{cases} \tag{5-9}$$

式(5-9)意味着在时刻 t 当节点 i 接收到产品信息后，其产品采纳概率等于 $\psi_t(i)$。

5.5.2　节点影响力衡量方法

节点影响力的衡量方法多种多样，本章研究考查了以下常用衡量指标的适用性，并基于这些方法的启发提出了一种新的影响力衡量方法——基于三跳衰减中心性的影响力衡量方法，以有效地识别出社交网络中有影响力的节点。

1. 度中心性(Degree Centrality)

节点的度是体现节点影响力的一个最简单直观的指标，它指网络中与该节点相连接的其他节点的数量。在有向图中，节点的度还根据连接的方向分为出度和入度。节点的度越大，其可以直接传递信息的人也越多。但是节点的度仅仅考虑了社交网络中节点所连接的节点数量信息，而忽略了许多其他重要信息，比如节点在社交网络中所处的位置、节点到网络中其他节点的平均距离等，因此，一些学者认为节点的度并不能够准确地衡量节点的影响力。

例如，如图 5-2 所示，虽然节点 1 是图中度最大的节点，但如果信息起源于节点 1，由于节点 1 的所有邻居度数都很低，因此信息可能不是传播最快或最广泛的。相比之下，虽然节点 23 的度都比节点 1 低，但信息从节点 23 开始传播可能扩散得更快或更广泛。

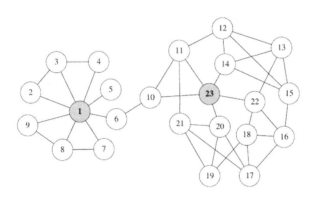

图 5-2　社交网络中度中心性示意图

2. 局部中心性(Local Centrality)

Chen 等(2012)提出了基于节点度的新的影响力度量方法，称为局部中心性。局部中心性度量指标同时考虑了节点的一跳邻居和二跳邻居信息，以弥补节点度在影响力衡量效果上的缺陷。在无向社交网络图 G 中，节点 i 的一跳邻居定义为与节点 i 直接相连的节点，节点 i 的二跳邻居定义为节点 i 的一跳邻居的一跳邻居，即节点 i 必须要通过一个中间节点才能够到达的节点，则节点 i 的局部中心性 $C_L(i)$ 定义如下：

$$\begin{cases} Q(j) = \sum_{k \in \Gamma(j)} N(k) \\ C_L(i) = \sum_{j \in \Gamma(i)} Q(j) \end{cases} \tag{5-10}$$

其中，$\Gamma(j)$ 表示节点 j 的一跳邻居的集合，$N(k)$ 表示节点 k 的一跳邻居和二跳邻居的数量。

3. 邻域中心性 (Neighborhood Centrality)

Liu 等 (2016) 认为，一个节点的重要性不仅取决于它的一跳邻居，还取决于它的二跳甚至更多跳的邻居，邻居跳数越多，考虑的邻域范围就越大，所能描述的信息就越多。但同时，节点对一跳邻居的影响力与对多跳邻居的影响力是不一致的，节点的影响力随着传播距离的增加而降低。因此，节点 i 的邻域中心性 $C_\theta^n(i)$ 定义为：

$$C_\theta^n(i) = \theta_i + a \sum_{j \in \Gamma(i)} \theta_j + a^2 \sum_{k \in \Gamma(j) \setminus i} \theta_k + \cdots + a^n \sum_{s \in \Gamma(s-1) \setminus x} \theta_s \quad (5\text{-}11)$$

其中，θ 表示所使用的基准中心性 (例如节点的度或节点的 k 核值)，n 表示所考虑的邻居跳数，$a \in [0, 1]$ 是一个可调参数，在一定程度上表示影响力随距离衰减的程度，$\Gamma(i)$ 表示节点 i 的一阶邻居的集合。Liu 等 (2016) 在研究中指出并不是考虑的邻居跳数越高节点影响力的衡量效果越好。根据 Liu 等 (2016) 研究中的结论，本章采用的邻域中心性仅考虑节点的二跳邻域，即 $n = 2$，所采用的基准中心性为度中心性，可调参数 a 设置为 0.2。

4. 三跳衰减中心性 (Three-Hop Decay Centrality)

社会科学领域的研究发现，社交网络中的节点最多可以影响其三跳以内的邻居 (Adam，2011)。结合上述影响力衡量方法的启发，本章构建了三跳衰减中心性影响力衡量方法，定义节点的三跳衰减中心性为：

$$\text{THD}(i) = \sum_{j \in \Gamma(i)} \left(w_{ij} + 2^{-2} \times \sum_{k \in \Gamma(j) \setminus i} \left(w_{jk} + 3^{-2} \times \sum_{l \in \Gamma(k) \setminus j,\, i} w_{kl} \right) \right)$$

$$(5\text{-}12)$$

其中 w_{ij} 表示节点 i 对节点 j 的影响强度，研究基于 Wang 和 Street (2018) 定义的深度衰减系数 $\alpha(d) = d^{-2}$ 来量化节点影响力沿传播路径的衰减，其中 d 表示从信息传播的源头到接受信息的节点之间的深度 (即跳数)。式 (5-12) 表明节点 i 的三跳衰

减中心性等于节点 i 对一跳邻居影响的和加上所有一跳邻居对他们的邻居影响的和再加上所有二跳邻居对他们邻居影响的和。三跳衰减中心性融合了节点自身的三跳邻居数量及与邻居之间的影响强度，同时考虑影响力随信息传播的深度衰减，能够有效衡量节点的实际影响力。

当选定节点的影响力衡量指标后，研究将根据节点的影响力大小对节点进行排序，依次选取影响力最高的节点作为影响者营销活动的种子节点。

5.5.3 影响者产品推广仿真分析模型

对社交网络中影响者产品推广过程的仿真分析主要按照以下步骤进行：

Step1：输入网络数据，设置相关参数。例如，按照 $[0，1]$ 区间上的正态分布给网络中的节点随机赋上初始产品估值；按照 $[0，1]$ 区间上的均匀分布给节点之间的影响力 w_{ij} 随机赋值；设定社会化影响强度 ξ、社交网络中节点被动性水平 ρ、影响力更新量 z 等参数的取值。

Step2：选择一种影响力衡量方法，结合影响者成本计算方法和营销预算，确定并激活初始影响者，即信息传播的种子节点，种子节点会向其邻居宣传产品信息，进行产品推广。

Step3：在 $t=0$ 时刻，所有初始种子节点的未激活邻居都会收到产品信息，初始影响者以参与度为概率更新他们的影响力。收到信息的节点按照5.5.1节中的相关模型更新产品估值，并以相应的概率采纳产品。如果某个节点采纳产品，则该节点就是新激活的节点。

Step4：在 $t>0$ 时刻，新激活节点会向他们的未激活邻居传播产品信息，使他们形成新的产品估值并与他们进行互动，这些收到产品信息的未激活邻居最终会作出购买决策，节点购买产品的概率随时间衰减，决定购买产品的节点成为新的激活节点。

Step5：不断重复Step4，直至某个时刻社交网络中不再有新的消费者购买该产品，即没有新的节点被激活时，产品推广过程结束。

5.6 模型验证及结果分析

本节通过仿真实验检验模型的有效性，并对固定营销预算下不同类型影响者的产品推广效果进行分析。由于在真实的社交网络中，节点度的分布通常遵循幂律分布(汪小帆等，2012)，因此本节的仿真实验主要使用以下两种数据集：一个是使用 Python 中的 NetworkX 库生成的 BA 无标度网络(Barabási 和 Albert，1999)，另一个是从现有文献中获取的真实社交网络数据——Enron 电子邮件网络(Klimt，2004)。图 5-3 展示了所用到的社交网络的度分布情况，更详细的网络信息见表 5-3。从图 5-3 中可以发现这两个网络都具有社交网络度分布的幂律分布特性。本章的仿真实验都是在这两个网络中进行的。

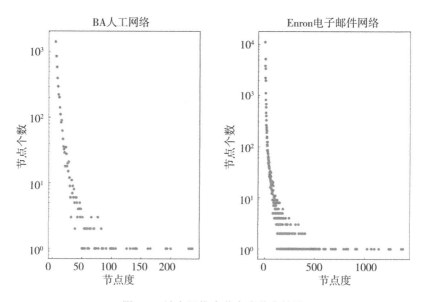

图 5-3 社交网络中节点度分布情况

研究主要通过 Python 编程进行仿真分析，影响者产品推广效果的主要衡量指标如下：

表 5-3 仿真网络数据摘要

社交网络	节点数	边数	最大出度	平均出度
BA5k5	5000	24975	236	9.99
Enron Email	36692	183831	1383	10.02

（1）影响覆盖范围 IC（Influence Coverage）：这是判断影响者营销效果的最简单、直观的指标，它等于通过初始影响者进行信息传播所带来的最终网络中被激活的节点数量：

$$IC = |A| - |S| \tag{5-15}$$

其中集合 A 表示信息传播结束时网络中所有激活节点的集合，集合 S 表示初始影响者集合，也即种子节点集合。

（2）转化率 CR（Conversion Ratio）：它表示影响者将潜在消费者转化为实际购买者的能力，等于最终被激活的消费者数量与接收到信息的消费者数量之比：

$$CR = \frac{IC}{IR} \tag{5-16}$$

其中 IR 表示影响到达范围（Influence Reach），即在整个信息传播的过程中，接收了信息且被激活的消费者和接收了信息但没被激活的消费者的数量之和。

（3）平均获客成本 AC（Average Acquisition Cost）：它表示在影响者营销活动中，使一个潜在消费者转化为实际购买者所需要的平均花费，等于雇佣影响者进行影响者营销活动所花费的成本与最终获得的客户数量之比：

$$AC = \frac{C}{IC} \tag{5-17}$$

其中 C 表示雇佣影响者的总成本，即 $C = \sum_{i \in S} c(i)$。

以上三种指标经常被用在影响者营销领域来评估影响者的表现。简单来说，企业希望以尽可能低的成本获得尽可能多的客户。不同衡量指标会有不同的侧重点，通过对三个指标的分析能够更全面、综合地评估影响者的表现。

本节的实验主要通过 Python 中的 NetworkX 库进行编程模拟，每组实验的结果都是对 50 次实验结果求平均得出的。结合实际情况，仿真模型的一些参数设置为：

消费者对产品估值的均值 $\mu = 0.5$，标准差 $\sigma = 0.2$；社交网络中用户的被动性 $\rho = 0.2$，影响力更新量 $z = 0.5$，影响者雇佣成本的可调参数 $a = b = 0.2$。$\sigma = 0.2$ 指消费者的估值在平均值左右波动，这体现现实中消费者对产品估值的异质性；$\rho = 0.2$ 意味着网络中的大部分消费者是非被动的，具备购买产品和传播信息的意愿；$z = 0.5$ 表示影响者与粉丝之间的互动能够对影响者的影响力会产生较大的影响；$a = b = 0.2$ 将影响者的雇佣成本控制在合理的范围内，确保成本波动不会超过节点度的 20%。

5.6.1　模型与方法有效性验证

研究首先在 BA 人工网络上评估了本章提出的信息传播模型与三跳衰减中心性的有效性。设置网络中消费者对产品的估值满足 $V_0 \sim N(\mu = 0.5,\ \sigma^2 = 0.2^2)$，社会化影响的强度适中，即取 $\xi = 0.5$。

1. 信息传播模型验证

分别从每个类别的影响者中随机抽取一个影响者作为初始影响者，从他们开始影响者营销活动，仿真模拟的结果如图 5-4 所示。图 5-4 中的横轴表示信息传播轮数，即仿真中的时间步 t。

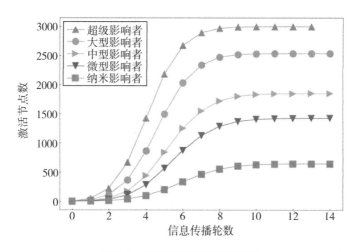

图 5-4　信息传播模型验证结果

从图 5-4 中可以观察到，粉丝数量多的影响者的表现始终优于粉丝数量少的影响者。这意味着仿真模拟所得到的结果符合现实世界的直觉和观察结果，进而可以说明本章提出的信息传播模型能够有效地模拟现实生活中产品信息在社交网络中的扩散过程，因此可以用于研究固定营销预算约束下不同类型影响者的产品推广效果。

2. 三跳衰减中心性影响力衡量方法有效性的验证

在 BA 人工网络中设计了三组仿真模拟实验，将三组实验中种子节点的数量分别设置为 2、4、6，使用三跳衰减中心性衡量节点影响力，在种子节点数量约束下，根据影响力的大小依次选择影响力最大的节点作为种子节点，从这些种子节点开始信息传播，并与其他三种节点影响力衡量方法进行比较，以评估本章提出的节点影响力衡量方法的有效性。

图 5-5(a)~(c)分别展示了不同种子节点数时的模拟结果。为了便于描述，使用 $V1$、$V2$、$V3$、$V4$ 和 $V5$ 分别表示超级影响者、大型影响者、中型影响者、微型影响者和纳米影响者，THD、Deg、LC 和 NC 分别表示三跳衰减中心性、节点度、局部中心性和邻域中心性的影响力衡量方法。

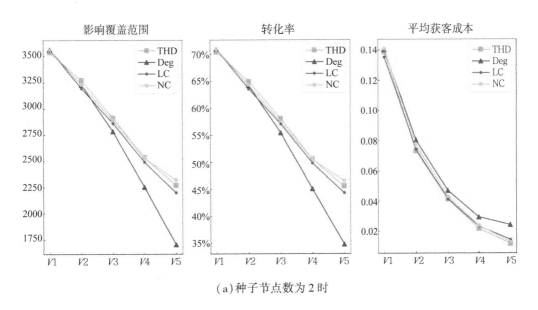

(a) 种子节点数为 2 时

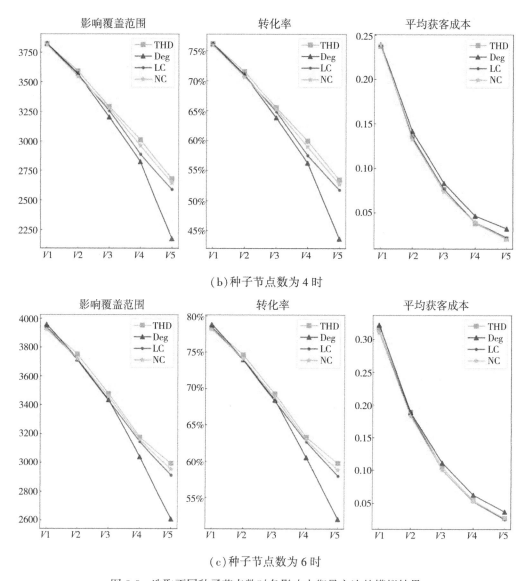

（b）种子节点数为 4 时

（c）种子节点数为 6 时

图 5-5　选取不同种子节点数时各影响力衡量方法的模拟结果

从图 5-5 中可以看出，在不同种子节点数的情况下，本章提出的基于节点三跳衰减中心性的影响力衡量方法（THD）在选择大型影响者（$V2$）、中型影响者（$V3$）和微型影响者（$V4$）时总是能够获得比其他方法更大的影响覆盖范围、更高的转化率和更低的平均获客成本；在选择超级影响者（$V1$）时的影响覆盖范围、转化率和平均获客成本也总是不差于其他方法，而在选择纳米影响者($V5$)时的影响覆盖范围、转化率和平均获客成本，仅在种子节点数为 2 的情况下比邻域中心性方法略差，其他所有情况下都好于度和局部中心性方法。

上述结果验证了本章提出的点三跳衰减中心性的影响力衡量方法（THD）能够有效地衡量网络中不同类型影响者的影响力。总体来说，在衡量节点影响力的表现上，三跳衰减中心性方法最优，邻域中心性和局部中心性方法次之，基于度的方法最差。此外，观察基于度的方法在不同类型影响者中的表现发现，基于度的方法在选择较大的影响者时的效果与其他方法相近甚至可能优于其他方法，而在选择较小的影响者时的效果则远不如其他方法。

本小节是对固定种子节点数量情况下的影响者营销进行模拟，结果显示，在没有预算约束时，相同数量的不同级别的网红，粉丝数越多的网红对产品扩散范围越大，如图 5-5 中的影响覆盖范围和转化率都是从 $V1$ 到 $V5$ 递减。当然图 5-5 中的平均获客成本曲线也显示 $V1$ 的平均获客成本最高，而 $V5$ 的获客成本最低。从图 5-5 中的结果还可以发现，随着种子数量的增加，影响者的影响覆盖范围、转化率和平均获客成本都在持续增加，但对于不同类型的影响者来说，他们的增长情况并不相同。图 5-6 展示了在三跳衰减中心性方法下，种子节点数量等于 6 相对于种子节点数量为 2 时，不同类型影响者在这三个指标上的增长情况，图中柱状图表示指标的

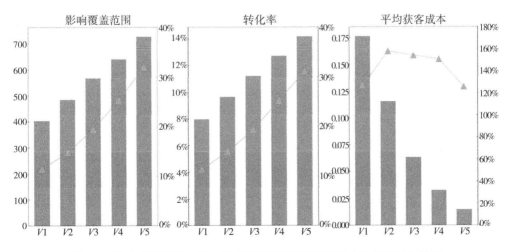

图 5-6　影响者数量从 2 增加到 6 时不同类型影响者三个指标的增长情况

107

增长量，折线图表示指标的增长率。

从图 5-6 中可以看出，较小的影响者相对于较大的影响者来说，他们在影响覆盖范围和转化率上的增长量以及增长率都更大，而在平均获客成本上的增长幅度则较小。这在一定程度上说明了增加较小的影响者的数量可能比增加大的影响者具有更大的市场潜力和更高的性价比。

5.6.2　预算约束下产品推广效果仿真分析

在实际运营中，企业管理者需要在一定预算约束下雇佣影响者。本小节探究在固定预算约束下，不同类型影响者的产品推广效果。基于上一小节中已经证明的三跳衰减中心性对节点影响力衡量的有效性，在本小节的仿真中，使用三跳衰减中心性来衡量节点影响力和选择初始种子节点。初始种子节点的选择受到营销预算的约束，预算的金额设置为使用三跳衰减中心性方法在超级影响者类别中选择影响力前 2 的节点所需要的成本，这保证了在预算约束下企业可以招募两名超级影响者或更多的粉丝数量更少的影响者。研究分别在 BA 人工网络和 Enron 电子邮件网络中进行了仿真模拟实验，实验结果如图 5-7 所示。

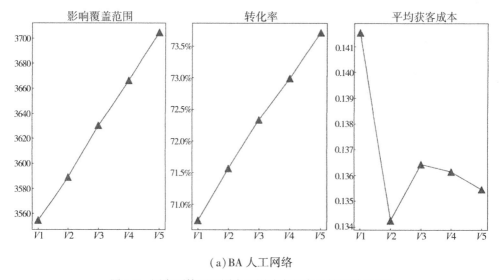

（a）BA 人工网络

图 5-7　固定预算下不同类型影响者的产品推广效果（1）

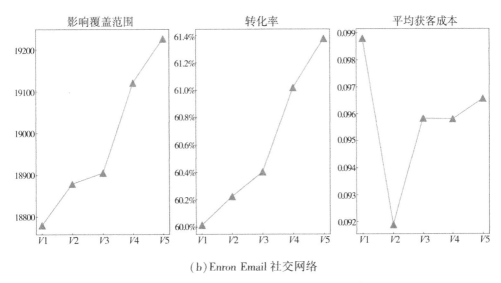

（b）Enron Email 社交网络

图 5-7　固定预算下不同类型影响者的产品推广效果（2）

由图 5-7 可以发现，不同类型影响者在两个网络中的产品推广效果具有以下特征：

（1）在相同预算约束下，产品最终采纳人数（即影响者覆盖范围）随着影响者粉丝数量的降低而增大，影响覆盖范围从大到小依次为纳米影响者、微型影响者、中型影响者、大型影响者和超级影响者。

（2）在相同预算约束下，影响者的产品推广转化率变化趋势与影响覆盖范围保持一致，从大到小依次为纳米影响者、微型影响者、中型影响者、大型影响者和超级影响者。

（3）在相同预算约束下，超级影响者的平均获客成本总是最大，大型影响者的平均获客成本总是最小的。

表 5-4 和表 5-5 中的增长量表示级别为 $V(j+1)$ 的网红的总激活人数相对于级别为 Vj 的网红总激活人数的增长量。综合上述结果可以得到，在统一的营销预算下，影响者的产品推广效果与影响者粉丝数量成反比，选择更多粉丝数量较少的影响者将比选择少数粉丝数量较多的影响者获得更好的产品推广效果。因此，当企业想要在一定的营销预算下利用社交网络中的影响者进行产品推广时，应该将视线集中在粉丝数量少、雇佣成本低但粉丝互动参与度高的纳米影响者上，制定基于纳米影响

者的产品推广策略,利用纳米影响者的数量优势扩大产品信息的扩散范围,从而获得更多顾客。

表 5-4 BA 人工网络的影响覆盖范围和总成本

		V1	V2	V3	V4	V5
影响覆盖范围	值	3554.77	3589.10	3630.27	3666.23	3704.73
	增长量	\	34.33	41.17	35.97	38.50
	增长率	\	0.97%	1.15%	0.99%	1.05%
雇佣影响者总成本	值	503.37	482.49	495.95	499.54	502.18
	增长量	\	−20.89	13.46	3.59	2.64
	增长率	\	−4.15%	2.79%	0.72%	0.53%

表 5-5 Enron 电子邮件网络的影响覆盖范围和总成本

		V1	V2	V3	V4	V5
影响覆盖范围	值	18770.92	18876.36	18882.41	19089.92	19185.72
	增长量	\	105.44	6.05	207.51	95.79
	增长率	\	0.56%	0.03%	1.10%	0.50%
雇佣影响者总成本	值	1835.78	1717.78	1791.61	1812.72	1835.50
	增长量	\	−118.00	73.83	21.12	22.78
	增长率	\	−6.43%	4.30%	1.18%	1.26%

5.7　本 章 小 结

本章以一家企业通过雇佣社交网络中的影响者进行产品推广为背景,建立了考虑影响者类型的产品推广模型,探究不同类型影响者产品推广效果的差异。首先,研究根据社交网络中节点的相对度大小,将影响者划分为超级影响者、大型影响者、中型影响者、微型影响者和纳米影响者五种类型。其次,研究模型刻画了个体对产品的估值、消费者的被动性、影响者的参与度、影响者雇佣成本以及信息传播的时间衰减性质，结合消费者受到的社会化影响制定了消费者购买决策规则，构建了改进的产品信息传播模型。研究进一步基于节点的三跳邻居信息及影响力的深度衰减性质定义了节点的三跳衰减中心性，基于节点影响力度量指标最终确立了考虑影响者类型的产品推广模型。最后，研究分别在 BA 人工网络和 Enron 电子邮件网络中进行了仿真模拟实验，实验结果证明了本章所构建的改进的产品信息传播模型符合现实世界的直觉和观察结果；同时，实验结果还表明三跳衰减中心性在衡量节点影响力时的有效性。从仿真实验结果发现，在相同的营销预算约束下，纳米影响者总是能够获得比其他类型影响者更好的产品推广效果，企业在制定产品推广策略时应聚焦于纳米影响者，利用好纳米影响者的成本优势。本章研究中的结果也可能存在一定的局限性，在后续的研究中学者可以进一步尝试企业不同的预算情况、产品的不同属性等实际情况的影响，进一步分析不同预算的公司或对不同类型的产品的最优影响者选择策略。

第6章　社交网络中消费者产品估值异质性 对企业利润的影响研究

当一款新产品上市时，不同消费者通常对产品有不同的估值。一些消费者认为产品的价值较高，而另一些消费者认为产品的价值较低。这种估值的差异性就是消费者估值的异质性。对于不同的产品，消费者估值的异质性水平可能不同，例如对于大家熟知的生活必需品，不同消费者对产品的估值可能比较一致，此时估值异质性水平较低；而对于一些新上市的科技产品，不同消费者对产品估值的差异性可能较大，此时估值的异质性水平较高。本章研究通过理论模型分析了消费者估值异质性对企业利润的影响。研究发现，当消费者之间不存在同伴影响时，企业的利润会随着消费者对产品估值差异性的增大而下降，即消费者估值的异质性对企业不利。然而，当社交网络中的同伴影响效应非常显著时，一定程度的估值异质性可以增加企业的利润。这是因为当消费者之间存在较显著的同伴影响时，消费者估值的异质性使公司有机会设置更高的产品价格，企业可以进一步利用那些特别喜欢产品的消费者来影响其余消费者的购买意愿。尽管较大的估值异质性和较高的定价策略会导致初期较低的产品采用率，但公司最终会通过显著的同伴影响效应获得更高的利润。

6.1　引　　言

同伴影响（Peer influence）在消费者的购买决策中起着重要而普遍的作用。调查研究发现，81%的消费者的购买决定直接受到他们的朋友在社交媒体上发布的产品信息的影响（Hussain，2017）。超过93%的消费者表示，在线产品评论显著影响他们的购买决定(Fullerton，2017)。Bapna 和 Umyarov(2015)的一项研究发现，来自已经购买和使用过产品的同伴的影响可以将消费者购买该产品的可能性提高60%。虽然大家已经发现消费者之间存在显著的同伴影响，但是对社交网络中消费者购买行为的了解仍然存在很多未解之谜(Williams，2018)。许多企业管理者表示仍然未能准确把握社交媒体和口碑到底是如何改变产品销量、企业盈利能力和顾客购买行为的(Divol 等，2012；Wright，2014)。

要了解消费者的购买行为，一个基本的出发点是考察消费者对产品的估值，即消费者感知的产品价值(Hu 等，2020)。这种估值通常是由产品的质量、功能、品牌等特征共同决定的，它直接影响消费者的购买意愿(Dodds 等，1991；Snoj 等，2004)。由于消费者产品偏好、收入水平、性别、年龄等人口特征的不同，消费者对同一款产品的估值通常是不同的(Allenby 和 Rossi，1998；Feick 和 Higie，1992)。如今，基于消费者对产品的估值存在明显差别以及同伴影响可以对消费者产品选择产生显著影响的事实，很多企业开始培养品牌的忠实拥护者，并利用这些忠实拥护者来影响原本对产品没有很高热情的消费者的购买决策(Sweeney 等，2020)。一个成功的例子是中国的科技巨头小米企业，当小米推出一款新产品时，它经常利用品牌忠实粉丝的口碑在市场上制造轰动，并激发潜在客户购买该产品的欲望(Wong，2014)。这种做法得到了营销界的很大好评，Wong(2014)的评论中指出"小米的成功和快速增长可以归功于其强大的粉丝基础，这些粉丝通过口碑对小米品牌进行了很好的宣传"。

尽管企业正在广泛利用同伴影响的作用帮助企业在充满差异的消费者群体中推广产品，目前仍然缺少对消费者产品估值异质性如何影响企业利润的研究，尤其是还没有研究分析当存在显著的同伴影响时，消费者对产品估值的差异性如何影响企业利润。本章的研究填补了这一空白，研究分析了当消费者的购买决策不仅取决于他们自己对产品的估值，还取决于他们同伴的购买决策时，消费者估值的异质性如何影响企业的定价策略和利润。本研究有助于企业更好地理解消费者在同伴影响下的购买行为，并为企业如何更好地处理消费者估值异质性提供指导。

为回答上述提出的研究问题，本章建立了一个理论分析模型。模型考虑一家企业向市场推出一款新产品。产品属于使用寿命较长的耐用品，在整个销售期一个消

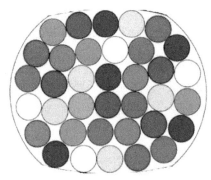

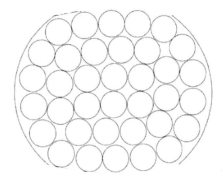

图 6-1　市场中形形色色的消费者与市场中完全相同的消费者

（罗素说："Diversity is essential to happiness."（参差多态乃是幸福之本源），那么市场中消费者产品估值的差异性对企业来说是福利还是灾难呢？）

费者最多购买一单位的产品。企业根据对消费者估值分布的了解来决定整个销售期的产品价格。消费者的支付意愿取决于消费者对产品的估值和早期采用者对其施加的同伴影响（Sun 等，2020）。对产品估值高的消费者会先购买产品，而对产品估值低的消费者可能在一开始决定不购买产品。然而，随着时间的推移，当消费者看到身边越来越多的人采用了产品后，那些最初没有购买产品的消费者可能会改变主意，最终购买该产品（Shen 等，2017；Sun 等，2020）。研究通过均匀分布和截断正态分布对消费者产品估值的异质性进行建模，同时研究采用了一种普遍使用的方法来描述同伴影响，即假设潜在客户购买产品的意愿随着采纳者数量的增加而增加（Hu 等，2020）。

　　本章研究的主要发现如下。首先，研究分析了一个基准模型。在这个基准模型中，研究假设消费者之间没有同伴影响。在这种假定下，研究发现消费者估值的异质性总是会损害企业的利润。具体而言，企业的利润总是随着消费者产品估值异质性水平的增大而降低。异质性水平的增加意味着消费者估值存在更大的差异。当消费者对产品的估值差异更大时，企业不得不降低价格以保持市场渗透率。如果企业不想降低价格，那么它必须放弃更多的低估值消费者，只服务于更小的消费群体。此时，消费者产品估值异质性的增加导致价格或市场渗透率下降从而损害了企业的利润。

然而，当消费者的购买决策受到同伴购买决策的显著影响时，消费者产品估值异质性对企业利润的影响会发生变化。具体而言，当同伴影响的强度足够高时，一定水平的估值异质性可以增加企业的利润。这是因为在本研究中，一定程度的估值异质性意味着存在一些高度喜欢产品并愿意为其支付高价的消费者群体。在这种情况下，估值的异质性为企业创造了一个收取更高产品价格的机会。虽然这种较高的价格会导致较低的初始采用率，但由于早期采用者对潜在购买者的影响，企业最终可以获得更高的利润。

上述研究发现为管理者提出了一些管理启示：第一，研究结果能够帮助企业更好地理解同伴影响如何改变消费者的购买行为和企业的盈利能力。当同伴影响效应显著影响消费者的购买意愿时，一定程度的估值异质性对企业有利。第二，研究结果解释了为什么企业增强品牌价值以及培养品牌的忠实拥护者至关重要。强大的品牌有助于企业吸引超级粉丝（Aaker，1996；Rhoden，2011）。这些超级粉丝愿意为产品支付高价，这使得企业能够收取较高的产品价格（Arvidsson 等，2006）。同时，这些超级粉丝也是品牌的推广者，他们会热情地向社交网络中的好友推荐产品，从而为企业吸引更多的顾客（Fuggetta，2012；Sweeney 等，2020）。第三，增强品牌潜在用户之间的同伴影响强度也很重要。例如，一些品牌投资建设消费者部落，这些部落可以将品牌推广者与潜在顾客联系起来并创造更多传播口碑的机会（Cova 等，2007；Wong，2014）。

6.2　研究的理论基础

本节回顾了与本章研究中主要概念相关的文献，这些文献为本章研究的分析模型和研究结果提供了理论支撑。研究首先回顾了同伴影响与产品扩散的相关研究。研究还调查了关于企业应如何利用同伴影响的相关文献，例如基于同伴影响的相关理论提出品牌推广者的相关应用。此外，研究还整理了品牌价值如何影响消费者产品估值的相关文献。最后，研究回顾了消费者产品估值异质性与企业定价策略的相关研究。

6.2.1　同伴影响、品牌推广者与产品扩散

同伴影响在新产品的扩散中起着至关重要的作用。在产品扩散过程中，产品的早期采用者会传播关于产品的信息。当发现越来越多的人采用了产品时，更多的潜在顾客可能会改变他们对产品的态度，并最终购买产品（Rogers，2010）。大量实验已经证明，同伴影响可以增加产品销量。例如，Bollinger 和 Gillingham（2012）发现同伴影响可以促进太阳能光伏板的采用。Iyengar 等（2011）对意见领袖和社会化影响在新产品推广中的重大影响进行了研究。DeMatos 等（2014）研究了同伴影响对iPhone3G 手机采纳意愿的影响，作者发现同伴影响提升了大约 14% 的销售额。Bapna 和 Umyarov（2015）的研究证明，来自已经采用了某个产品的朋友的影响可以使潜在客户的购买概率增加 60% 以上。基于这些发现，本章研究假设，来自早期购买者的同伴影响可以增加潜在客户的购买意愿。

在认识到同伴影响对促进产品扩散的有效性之后，企业开始培养那些会主动向他人推荐产品的客户作为他们的品牌推广者（Roberts，2005；Sweeney 等，2020）。品牌推广者通常是一个品牌的超级粉丝，他们渴望影响其他消费者对该品牌的态度（Sweeney 等，2020）。统计数据表明，从总消费量和产生的有价值的推荐的角度计算，品牌推广者对企业的价值是普通顾客的五倍（Fuggetta，2010）。为了利用品牌推广者的影响力，企业可以建立消费者部落，这些部落将潜在顾客与推广者通过共同的兴趣爱好联系在一起（Cova 等，2007；Gloor 等，2020）。消费者部落提高了消费者之间沟通的有效性，帮助推广者传播产品信息，并帮助企业与他们的推广者建立更深层次的联系（Canniford，2011；Cova 和 Cova，2002）。本研究的结果也证明了品牌推广者对提高企业利润的重要性。

6.2.2　品牌价值与消费者产品估值

品牌价值是除产品自身的价值之外，企业从品牌效应中获得的效益（Srinivasan 等，2005）。品牌价值主要包括四个维度的价值：品牌忠诚度、感知质量、品牌认知度和品牌联想（Aaker，1996）。学者们从不同的角度提出了品牌价值的度量方法（如 Aaker，1996；Colladon，2018；Colladon 等，2020；Keller，1993；Senthilnathan

等，2012）。品牌价值决定了品牌在产品定价时的实力（Feldwick，1996）。研究证明，当一家企业拥有正向的品牌价值时，客户愿意为产品支付更高的价格（Arvidsson 等，2006）。此外，Keller 等（2011）已经证明，对于品牌价值高的产品，消费者对价格上涨不太敏感。基于这一理论背景，本章研究假设品牌价值会对消费者的产品估值产生积极影响。因此，拥有更强品牌价值的企业将获得更好的市场支配权，从而具有提高产品价格的市场力。

6.2.3　消费者产品估值异质性与企业经营策略

消费者产品估值异质性反映消费者对产品估值的差异。这些差异源于消费者不同的人口特征或产品偏好（Allenby 和 Rossi，1998；Feick 和 Higie，1992）。在早期商业中，企业可以通过检查客户的人口统计特征和购买历史（Kiser，1998）或通过社会调查（Hasselbach 和 Roosen，2015）来分析消费者估值的分布特征和异质性水平。在电子商务时代，信息技术让零售商有能力通过消费者的浏览记录来了解潜在顾客的产品估值（Hinz 等，2011）。因此，本章研究假设企业可以了解消费者产品估值的分布，并且可以基于分布的方差来测量估值异质性的程度。

在运营管理领域，有学者建议，企业可以基于消费者估值的异质性对不同的消费者实施差别定价（Stokey1979）。Varian（1989）详细介绍了基于消费者估值的差别定价策略，作者将这种定价策略称为价格歧视。价格歧视的一种常用的实施方法是动态地改变价格。航空业也许是对动态定价和价格歧视应用最好的例子（McAfee 和 TeVelde，2006；Wright 等，2010）。在电子商务时代，互联网环境中改变价格的成本很低，零售商能够根据现有的客户的信息动态地改变产品价格（Garbarino 和 Lee，2003；Liu 等，2019；Weiss 和 Mehrotra，2001）。然而，目前还没有学者分析消费者估值的异质性如何影响企业的定价策略和利润。

本章研究通过分析消费者估值异质性和同伴影响对企业利润的影响，对现有文献进行了补充。研究表明，当同伴影响很强且消费者估值异质性水平不是特别高时，企业的利润随着异质性水平递增。然而，如果没有同伴影响，消费者估值的异质性将总是损害企业利润。本章研究为企业如何根据消费者的异质性优化运营策略提供了一个更深刻的理解。本章研究的理论发现证实了增加品牌实力和培养品牌推广者的重要性。当一个企业拥有一批能够显著影响其他消费者购买意愿的品牌推广者时，消费者产品估值异质性就给该企业创造了一个收取更高价格并获得更高利润的机会。

6.3　研究模型

研究模型考虑一家企业向市场售卖一款新产品，产品为使用寿命较长的耐用品。企业决策产品的销售价格 p 以最大化整个销售期的总利润。市场上总共有 N 个消费者。每个消费者在整个销售期最多购买一单位的产品。消费者的购买决策由产品价格、消费者对产品的估值以及来自同伴产品选择的影响三部分共同决定。为刻画同伴影响效应，研究将整个销售期抽象地分为 $T(T \geqslant 2)$ 个子阶段。随着销售阶段向后推移，产品采用者的数量通常会逐渐增多。为了关注消费者估值异质性对企业利润的影响，本章不考虑企业在整个销售期的价格调整，即产品的销售价格在整个销售期内总是 p。

如果消费者在 $t(t \in \{1, 2, \cdots, T\})$ 时段购买产品，他或她可以获得的效用为：

$$U_t = v - p + \beta x_{t-1} \tag{6-1}$$

在式(6-1)中，v 表示消费者对产品的估值，这个估值主要受消费者对产品质量的感知、品牌实力、消费者的人口特征（如收入水平）以及产品的一些具体特性等因素的影响（Allenby 和 Rossi，1998；Dodds 等，1991；Snoj 等，2004）；p 代表产品价格。x_{t-1} 表示在 $t-1$ 时段末产品的采用率，其中 $x_0 = 0$。非负参数 β 表示同伴影响的强度，βx_{t-1} 代表在时间 t，前期已经采用产品的顾客对潜在顾客的影响。本研究采用的同伴影响的刻画方法在现有文献中经常见到，这些文献通常假设在时刻 t 由同伴影响引起的潜在顾客支付意愿的增加量与 $t-1$ 时段末产品的采用率成正比，即 βx_{t-1}（例如，Shin 等，2017；Sun 等，2020）。

消费者产品估值的异质性。每个消费者对产品有各自的估值，用 v 表示，每个消费者知道自己对产品的估值，但不能知道其他消费者的具体估值，即 v 是单个消费者的私有信息。研究用随机变量 V 表示消费者群体对产品的估值，单个消费者可

以观察到 V 的分布情况,同时,企业也只能获得消费者估值的总体分布情况,不能知道每个消费者对产品的具体估值。为了描述产品估值的分布特性,研究将消费者对产品的估值分解为两个部分:

$$V = Q + \varepsilon \tag{6-2}$$

Q 为正的常数,代表消费者估值的平均值;ε 是一个随机变量,反映了消费者估值的异质性。企业可以通过调查等方式获取 Q 的值以及 ε 的分布信息。在基础模型中,研究假设 ε 服从区间 $[-a, a]$ 上的均匀分布,其中 a 是正常数。参数 a 反映了消费者产品估值异质性的程度:a 越大表示消费者产品估值的差异越大,即估值异质性水平越高。为避免消费者估值 $(Q + \varepsilon)$ 为负,本章的研究仅考虑 $Q \geqslant a$ 的情况。在 6.5 节中,研究还拓展分析了当 ε 服从截断正态分布的情形。

对于理性的消费者,当消费者购买产品能够获得非负的效用时,他或她就会选择购买。基于式(6-1)中消费者效用的函数性质很容易发现,对产品估值特别高的消费者会先购买产品。随着时间的推移,产品采用率逐渐提高,那些初期没有购买产品的消费者可能会改变他们的决定,也就是最初决定不购买的消费者可能会因为后来受到同伴的影响而又选择购买。给定产品价格 p 和 V 的分布情况,研究可以刻画消费者在时段 t 的需求,用 D_t 表示。D_t 的具体表达式总结在附录中。基于每个时段消费者的需求,企业的优化问题如问题(6-3)所示:

$$\max_p \pi = \sum_{t=1}^{T} \delta^{t-1} p D_t \tag{6-3}$$

π 表示企业在整个销售期的总利润。参数 $\delta(0 \leqslant \delta \leqslant 1)$ 是折现因子。不失一般性,企业的生产成本被标准化为 0。

6.4 模 型 分 析

6.4.1 基准模型:当没有同伴影响时

研究首先分析了一个基准模型,在基准模型中研究假设消费者之间不存在同伴影响,即 $\beta = 0$。在这种情况下,企业的最优定价策略和利润总结在命题 6.1 中。

命题 6.1:(i)当 $\beta = 0$ 时,企业的最优定价策略为:

$$p^* = \begin{cases} Q - a & \text{if } 0 \leqslant a \leqslant \dfrac{Q}{3} \\[3mm] \dfrac{(Q + a)}{2} & \text{if } \dfrac{Q}{3} \leqslant a \leqslant Q \end{cases}$$

市场渗透率为：

$$x_1^* = \begin{cases} 1 & \text{if } 0 \leqslant a \leqslant \dfrac{Q}{3} \\[3mm] \dfrac{(a + Q)}{4a} & \text{if } \dfrac{Q}{3} < a \leqslant Q \end{cases}$$

企业的最优利润为：

$$\pi^* = \begin{cases} N(Q - a) & \text{if } 0 \leqslant a \leqslant \dfrac{Q}{3} \\[3mm] \dfrac{N(a + Q)^2}{8a} & \text{if } \dfrac{Q}{3} < a \leqslant Q \end{cases}$$

（ⅱ）企业的最优利润随着 a 的增大而递减。

直观上，当一家企业推出新产品时，它可以选择以低价服务整个市场，或者以高价只服务于高估值的消费者。命题 6.1 中的结果表明，如果消费者产品估值的异质性水平低于一个阈值（在这个基准模型中该阈值等于 $\dfrac{Q}{3}$），那么企业应该选择服务于整个市场；否则，企业应该选择只为高估值的消费者服务。

命题 6.1 证明了当消费者之间没有同伴影响时，企业的最优利润总是随消费者产品估值异质性水平递减。原因在于，当异质性水平低于一个阈值（即当 $0 \leqslant a \leqslant \dfrac{Q}{3}$）时，企业选择服务于整个市场是最佳的。在这种情况下，如果消费者对产品的估值更加多样化，那么企业必须降低价格以保持市场渗透率，从而导致企业利润的减少。当异质性水平高于阈值时（即当 $\dfrac{Q}{3} < a \leqslant Q$ 时），企业必须放弃一部分市场，只服务于高估值的消费者，在这种情况下，消费者估值的异质性导致需求大幅下降，大大降低了企业的利润。

6.4.2　当有同伴影响时

在这一小节和随后的 6.4.3 小节中，研究探讨了同伴影响和估值异质性的作用。研究首先分析了一种特殊情况，不考虑各个阶段利润的时间折扣，即 $\delta = 1$。在这种情况下，分析可以大大简化。这种情形下的分析结果适用于整个销售期不太长的情形，同时对时间贴现因子接近于 1 的情形也有一定的参照价值。当 $\delta = 1$ 时，企业的最优定价策略和利润总结在定理 6.1 中。注意到，在本章中，研究定义 $S_T = \sum_{t=1}^{T} \left(\dfrac{\beta}{2\alpha} \right)^{t-1}$。

定理 6.1：当 $\beta > 0$，$\delta = 1$ 时，企业的最优定价策略为：

$$p^* = \begin{cases} a + Q - \dfrac{2a}{S_T} & \text{if } 0 \le a \le \bar{a}_1 \\[3mm] \dfrac{(Q + a)}{2} & \text{if } \bar{a}_1 < a \le Q \end{cases}$$

市场渗透率为：

$$\begin{cases} x_T^* = 1 & \text{if } 0 \le a \le \bar{a}_1 \\[2mm] x_T^* > 1 & \text{if } \bar{a}_1 < a \le Q \end{cases}$$

企业的最优利润是 $\pi^* = \begin{cases} N\left(a + Q - \dfrac{2a}{S_T}\right) & \text{if } 0 \le a \le \bar{a}_1 \\[3mm] \dfrac{N(a + Q)^2 S_T}{8a} & \text{if } \bar{a}_1 \le a \le Q \end{cases}$

其中 $\bar{a}_1 = \min(a_1, Q)$，$a_1 > 0$ 且满足 $\dfrac{(a_1 + Q)}{4a_1} \sum_{t=1}^{T} \left(\dfrac{\beta}{2a_1} \right)^{t-1} = 1$。

当消费者之间存在同伴影响时，企业的市场选择策略仍与基准情形中的结果相似：可以找到估值异质性水平的一个阈值，即定理 6.1 中定义的 $\bar{a}_1$，如果消费者产品估值异质性水平低于该阈值，那么企业应选择服务于整个市场；否则，它应只服务于高估值消费者的细分市场。与基准模型不同的是，当同伴影响发挥作用时，企业可以收取更高的市场渗透价格，即最优价格满足 $a + Q - \dfrac{2a}{S_T} > Q - a$。此外，当存在同伴影响时，企业的最优利润总是高于基准模型下的最优利润。消费者产品估值异质性对企业利润的影响总结在命题 6.2 中。

命题 6.2：当 $\beta > 0$，$\delta = 1$ 时，存在消费者产品估值异质性水平的另一个阈值，记为 $\bar{a}_2$：

(i) 当 $0 \le a < \bar{a}_2$ 时，π^* 随 a 的增加而增加。

（ii）当 $\bar{a}_2 \leqslant a < Q$ 时，π^* 随 a 的增加而降低。

其中 $\bar{a}_2 = \min(a_2, \bar{a}_1)$，$a_2 > 0$ 且满足 $\left(\dfrac{\beta}{2\alpha_2}\right)^{2T} - 1 + \left(1 - \dfrac{\beta}{2\alpha_2}\right)\left(\dfrac{\beta}{2\alpha_2}\right)^{T} = 0$。

命题 6.2 中的结果表明，当消费者的购买决策受到同伴产品选择的显著影响时，一定程度的估值异质性对企业有利。不过，当估值异质性水平非常高时，估值异质性将损害企业的利润。

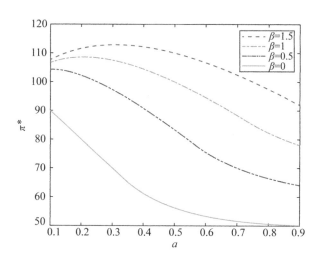

图 6-2　当 $\delta = 1$ 时，最优利润随估值异质性水平 a 的变化趋势

图 6-2 展示了命题 6.2 中的发现。在这个数值示例中，研究设置 $N = 100$，$Q = 1$，$T = 2$。从图 6-2 中可以发现，当 $\beta = 0$ 时，企业的最优利润总是随着异质性水平递减，而当 $\beta > 0$ 时，企业的最优利润会随着异质性水平先递增后递减。随着 β 的增大，企业利润增长的区间也变大。图 6-2 还表明随着同伴影响强度的增加，企业可以获得更高的利润。关于消费者产品估值异质性为何可以增加企业利润的潜在机制将在 6.4.4 小节中讨论。

6.4.3　当时间贴现因子满足 $0 < \delta < 1$ 时

当考虑企业在不同时间段利润的折扣效应时，为了获得关于消费者产品估值异质性如何影响企业最优利润的解析解，研究通过取 $T = 2$ 的方法简化分析，即产品在两个时期内销售。企业的最优定价策略和利润总结在定理 6.2 中。当 $T > 2$ 时，企业的最优定价策略遵循与 $T = 2$ 时相似的模式，因此，$T = 2$ 情形下的研究发现能够为 $T > 2$ 时的性质提供参考。

定理 6.2： 当 $\beta > 0$，$0 < \delta < 1$，$T = 2$ 时，企业的最优定价策略为：

$$p^* = \begin{cases} (Q - a) & \text{if} \quad 0 \leqslant a \leqslant \dfrac{(1-\delta)Q}{(3-\delta)} \\[2mm] \dfrac{Q + a}{2} + \dfrac{a\delta}{(1-\delta)} & \text{if} \quad \dfrac{(1-\delta)Q}{(3-\delta)} < a < a_3 \\[2mm] a + Q - \dfrac{2a}{S_2} & \text{if} \quad a_3 < a < a_4 \\[2mm] \dfrac{a + Q}{2} & \text{if} \quad a_4 < a < Q \end{cases}$$

市场渗透率满足：

$$\begin{cases} x_1^* = 1 & \text{if} \quad 0 \leqslant a \leqslant \dfrac{(1-\delta)Q}{(3-\delta)} \\[2mm] x_{t_0}^* = 1 & \text{if} \quad \dfrac{(1-\delta)Q}{(3-\delta)} < a < a_3 \\[2mm] x_2^* = 1 & \text{if} \quad a_3 < a < a_4 \\[2mm] x_2^* < 1 & \text{if} \quad a_4 < a < Q \end{cases}$$

企业的最优利润为

$$\pi^* = \begin{cases} N(Q - a) & \text{if} \quad 0 \leqslant a \leqslant \dfrac{(1-\delta)Q}{(3-\delta)} \\[3mm] N\left[\dfrac{(Q+a)^2(1-\delta)}{8a} + \dfrac{(Q+a)\delta}{2} + \dfrac{a\delta^2}{2(1-\delta)}\right] & \text{if} \quad \dfrac{(1-\delta)Q}{(3-\delta)} < a < a_3 \\[3mm] \dfrac{N\left(a + Q - \dfrac{2a}{S_2}\right)}{S_2} \sum_{t=1}^{2}\left(\dfrac{\delta\beta}{2a}\right)^{t-1} & \text{if} \quad a_3 < a < a_4 \\[3mm] \dfrac{N(a+Q)^2}{8a}\sum_{t=1}^{2}\left(\dfrac{\delta\beta}{2a}\right)^{t-1} & \text{if} \quad a_4 < a < Q \end{cases}$$

其中 $S_2 = 1 + \dfrac{\beta}{2a}$；$a_3 > 0$，满足 $\dfrac{4a_3}{S_2(a_3)} - a_3 + \dfrac{2a_3\delta}{(1-\delta)} = Q$；$a_4 > 0$，满足 $\dfrac{4a_4}{S_2(a_4)} - a_4 = Q$；当 $t = t_0$ 时（$1 < t_0 < 2$），市场被完全覆盖。

与 6.4.1 和 6.4.2 节中的研究发现相似，消费者产品估值异质性水平在企业的市场覆盖战略中起着重要作用。当异质性水平较低时(即当 $0 \leqslant a \leqslant \dfrac{(1-\delta)Q}{(3-\delta)}$ 时)，企业在第一个销售期覆盖整个市场是最优的。当异质性水平适中时(即当 $\dfrac{(1-\delta)Q}{(3-\delta)} < a < a_3$ 时)，企业应选择在第二时期结束前或结束时覆盖市场。当异质性水平非常高时(即当 $a_4 < a < Q$ 时)，企业最好只服务于产品估值相对较高的消费者，放弃低估值的消费者市场。基于定理 6.2 中的结果，研究分析了一般情形下消费者估值异质性如何影响企业的利润，结果总结在命题 6.3 中。

命题 6.3：当 $\beta > 0$，$0 < \delta < 1$，$T = 2$ 时，消费者产品估值异质性如何影响企业最优利润的相关结果总结在表 6-1 中。

表 6-1　命题 6.3 的主要结果

估值异质性水平 a 的区间	最优利润的性质
当 $0 \leqslant a \leqslant \dfrac{(1-\delta)Q}{(3-\delta)}$ 时	π^* 随着 a 的增大而减少
当 $\dfrac{(1-\delta)Q}{(3-\delta)} < a < a_3$ 时	(i) 如果 $\dfrac{Q-a}{Q+a} \leqslant \delta < 1$，则 π^* 随着 a 递增 (ii) 如果 $0 < \delta < \dfrac{Q-a}{Q+a}$，则 π^* 随着 a 递减
当 $a_3 < a < a_4$ 时	(i) 如果 $\beta \geqslant \bar{\beta}_1$，则 π^* 随着 a 递增 (ii) 如果 $\beta < \bar{\beta}_1$，则 π^* 随着 a 递减
当 $a_4 < a < Q$ 时	π^* 随着 a 递减

当估值异质性水平很低或很高时，消费者产品估值的异质性会损害企业的利润。由结合定理 6.2 中的结果可知，首先，当异质性水平很低时，企业在第 1 期覆盖整个市场是最优的。在这种情况下，随着异质性水平的增加，企业必须降低价格来吸引消费者，因此，利润随着异质性水平的增加而降低。其次，当异质性水平很高时，企业不得不放弃一些低估值的消费者。在这种情况下，随着异质性水平的增

加，企业必须放弃更多的消费者进而导致利润下降。

有趣的是，中等水平的异质性对企业来说可能是一件好事。例如，当 $a_3 < a < a_4$ 时，如果同伴影响的强度达到一定水平，那么企业的利润将随着异质性水平的增加而增加。当 $\dfrac{(1-\delta)Q}{(3-\delta)} < a \leqslant a_3$ 时，如果时间折扣对企业的影响不显著，消费者产品估值异质性也可以增加企业的利润。图 6-3 展示了命题 6.3 中的结果，图的参数设置与图 6-2 中的参数相同。可以发现，当 $\beta = 1.5$ 且异质性水平 a 处于中等水平时，企业的最优利润随着异质性水平 a 的增加而增加。然而，当 a 很小或很大时，最优利润会随着 a 的增加而降低。当 $\beta = 0.5$ 时，企业的利润总是随着 a 的增加而下降。

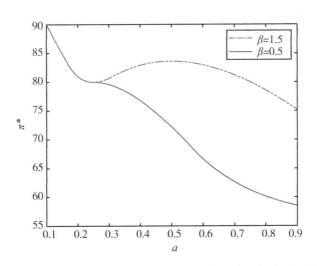

图 6-3　当 $0 < \delta < 1$ 时，最优利润随估值异质性水平 a 的变化趋势

6.4.4　理解消费者产品估值异质性如何提高企业利润

为了揭示消费者产品估值异质性是如何提高企业利润的，研究首先分析了消费者产品估值异质性对企业最优定价策略的影响。结果总结在命题 6.4 中。

命题 6.4：消费者产品估值异质性对最优定价策略的影响总结在表 6-2 中。

表 6-2　命题 6.4 的主要结果

条件	a 的范围	市场覆盖面	性质
$\beta = 0$	$0 < a \leqslant \dfrac{Q}{3}$	整个市场	p^* 随着 a 的增大而降低
$\beta > 0$, $\delta = 1$	$0 \leqslant a < a_1$	整个市场	(i) 如果 $\beta \geqslant \bar{\beta}_2$，则 p^* 随着 a 的增大而增大 (ii) 如果 $\beta < \bar{\beta}_2$，则 p^* 随着 a 的增大而降低
$\beta > 0$, $0 < \delta < 1$, $(T = 2)$	$\dfrac{(1-\delta)Q}{(3-\delta)} < a < a_4$	整个市场	(i) 如果 $\beta \geqslant \bar{\beta}_3$，则 p^* 随着 a 的增大而增大 (ii) 如果 $\beta < \bar{\beta}_3$，则 p^* 随着 a 的增大而降低

　　命题 6.2 和 6.3 中的发现表明，消费者产品估值异质性只有在异质性水平低于某个阈值时才能增加企业的利润，在该阈值下企业可以定位整个市场。因此，表 6-2 只描述了企业产品定位是整个市场时 a 的相关区间。命题 6.4 中的结果表明，当同伴影响的强度足够大且消费者估值差异较大时，企业可以收取较高的价格。这是因为在研究的模型中，更大的估值异质性（即 a 的值更大），意味着有一些消费者对产品的估值更高。这些消费者是产品的超级粉丝，他们赋予了企业提高产品价格的市场能力。虽然较高的价格会导致较低的初期采用率，但随着销售时间的推移，企业可以利用这些超级粉丝的影响力来吸引潜在的买家，并实现更高的利润。

　　这些发现强调了品牌推广者对企业成功的重要性。品牌推广者是产品的超级粉丝，他们不仅愿意为产品支付高价，还会主动热情地向他们的社交联系人推荐产品（Senthilnathan 等，2012；Sweeney 等，2020）。统计数据表明，从总消费量和推荐获客量的角度，品牌推广者的价值通常是普通客户的五倍（Fuggetta，2010）。此外，加强消费者之间的相互影响也很重要（Cova 和 Cova，2002；Cova 等，2007），只有当同伴影响的强度足够大时，企业才能在收取更高产品价格时不必担心市场份额的损失。例如，小米公司通过投资建设小米粉丝部落的方式加强粉丝之间以及粉丝与潜在客户之间的联系，以加强粉丝团的影响力。

6.5　拓展研究：当 ε 服从截断的正态分布时

为了检验上述发现的稳健性，研究拓展分析了当消费者产品估值服从截断正态分布时企业最优定价策略和利润的性质（Hu 等，2020）。这种产品估值的正态分布特性与 Rogers 提出的产品扩散理论也一致，Rogers 指出采纳者的分布随着时间的推

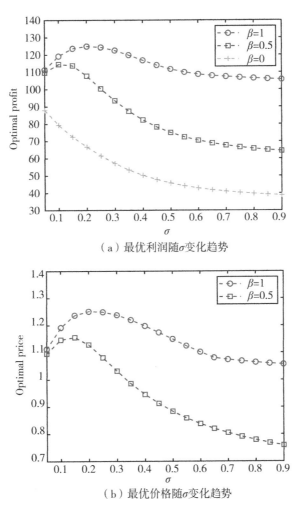

（a）最优利润随 σ 变化趋势

（b）最优价格随 σ 变化趋势

图 6-4　截断正态分布下最优利润与最优价格的性质

移遵循钟形曲线的特性（Rogers，2010）。研究假设 ε 遵循分布 $N(u, \sigma, -a_1, a_2)$，其中 ε 的平均值为 u，标准偏差为 σ。σ 的值越大，表明估值异质性水平越高。参数 $-a_1$ 和 a_2 分别是 ε 的下限和上限。模型的其余设置与第6.3节中的设置相同。具体分析结果总结在附录中。由于在截断正态分布下，很难获得消费者产品估值异质性如何影响企业利润的解析解，研究对企业最优利润和定价策略如何随 σ 变化进行了数值分析。结果如图 6-4 所示。

在图 6-4 的数值分析中，参数设置为 $N = 100$，$Q = 1$，$u = 0.2$，$a_1 = 0.7$，$a_2 = 0.5$，和 $T = 7$；为简化分析，研究考虑时间贴现因子 $\delta = 1$ 的情形。结果显示在截断正态分布下定价策略和利润的性质与均匀分布设定下的发现一致。例如，从图 6-4(a) 中可以发现，当 $\beta = 0$ 时，利润曲线总是随 a 的增大而减小，也就是当消费者之间没有同伴影响时，消费者估值异质性的增加总是损害企业利润。然而，如果早期采用者能够显著影响剩余消费者的购买意愿，一定程度的估值异质性为企业创造了收取更高价格和实现更高利润的机会。如图 6-4(a) 和 6-4(b) 中所示，当 $\beta = 0.5$ 或 $\beta = 1$ 时，企业的最优价格和利润先随 σ 递增然后随 σ 递减。

6.6 本章小结

有学者提出在一个大型的社交网络中，消费者产品估值的异质性可以帮助消费者了解产品的真实质量，从而增加企业的利润（Zhang 等，2015）。本章研究进一步探究了当社交网络中的消费者之间存在同伴影响效应时，消费者产品估值异质性对企业利润的影响。研究结果表明，口碑和同伴影响可以显著改变消费者的购买行为和企业的盈利能力。当同伴影响的强度足够高时，消费者产品估值异质性为企业创造了收取更高产品价格和实现更高利润的机会。然而，如果消费者之间没有同伴影响，消费者估值的异质性总是损害企业的利润。

本章研究从理论上证明了在当前口碑至关重要的时代，品牌推广者是企业成功的关键因素之一。品牌推广者是品牌的忠实粉丝，他们愿意为产品支付高价，这给企业收取更高产品价格提供了机会（Senthilnathan 等，2012）。同时，品牌推广者还积极热情地向他们的社交联系人推荐产品帮助品牌成长（Sweeney 等，2020）。为了利用品牌推广者的力量，企业应该建立一个强大的品牌来吸引一批超级粉丝（Aaker，1996）。此外，为了利用推广者的影响力，企业可以建立消费者部落，通过他们共同的兴趣爱好或特征将推广者联系起来（Cova 等，2007；Gloor 等，2020）。企业还可以建立在线品牌论坛，组织现场聚会等粉丝活动，以促进推广者和潜在客户之间的互动（Wong，2014）。

当然，本章研究模型较为简单，研究的发现仅仅阐明了消费者产品估值异质性在垄断市场中对企业利润的影响作用。在垄断市场中，同伴影响提高了企业的销量和利润。然而，一些现有的研究表明，在双寡头市场中，同伴影响可能会加剧竞争，从而损害企业的利润（Sun 等，2020；Zheng 等，2021）。鉴于同伴影响作用可能依赖于市场结构，消费者产品估值异质性在竞争市场中也可能有不同的影响。未来的学者可以进一步研究寡头竞争环境下消费者产品估值异质性的作用。此外，本章的研究仅仅提供了消费者产品估值异质性对企业利润影响的理论证明，未来的研究可以使用实证数据来检验消费者估值的异质性如何影响企业的利润。

第7章　总结与展望

7.1　全书总结

基于社交网络对消费者购买行为以及企业运营策略产生巨大影响的背景，本书首先归纳整理了社交网络与运营管理研究领域的重要相关基础理论、常用的建模方法等。在此基础上，研究系统分析了企业在社交网络中进行产品推广时的最优差别价格折扣策略、基于社交关系的差别推荐奖励策略、基于影响者类型的影响者选择策略以及同伴影响和消费者产品估值异质性对企业定价策略和利润的影响等问题。研究的主要发现概况如下：

（1）研究分析了零售商向社交网络中的消费者售卖一种具有延迟的网络外部性的新产品。零售商决策产品在不同时期的销售价格以最大化利润。研究发现，当消费者之间的影响是对称的，并且网络外部性的强度低于一个阈值时，零售商采用递增的动态定价策略是最佳的，而且第二期的价格溢价与消费者能够从网络邻居那里获得的总的外部效用成正比。然而，当消费者之间的影响力不对称，并且网络外部性的强度较大时，零售商可能会对一部分用户采取第二期降价的定价策略。研究基于对星型网络中定价策略的分析，提出了向网络的中心节点提供免费产品以激励这些中心节点进行产品推广的具体条件。网络连接特性会影响企业的利润，例如给定网络的规模与平均度，零售商的利润随着节点连接度的方差递增，这意味着当网络中的节点连接情况具有较大差异时，零售商可以更好地利用网络中连接度高的节点进行产品推广。当网络外部性强度相对较低时，企业通过许多相互连接的小网红网络销售产品更有效；而当网络外部性强度较高时，企业通过少数大网红网络销售产品更有效。

（2）在推荐奖励策略方面，研究发现当产品推荐成本较低时，企业应同时激励强关系和弱关系间的产品推荐，此时基于社交关系的差别推荐奖励策略明显优于统一推荐奖励策略，在长期扩散稳态下，差别推荐奖励策略可以为企业带来近10%的利润增长。在差别推荐奖励策略下，企业可以设置更高的产品价格，然后通过灵活的推荐奖励机制激励现有顾客进行产品推广，这一策略也帮助企业避免在产品推广初期不得不实施低价策略的困境。随着推荐成本的提高，弱关系间产品推荐能够创造的效益越来越少，当推荐成本达到特定水平时，企业应放弃弱关系间的产品推荐，只激励强关系间的产品推荐；而当推荐成本特别高时，企业应整体放弃推荐推广策略。在双向奖励机制下，企业可以进一步提高产品价格，然后通过给接收人优惠券的形式提升推荐链接转化率，这意味着对于高价格定位的企业，可进一步采取基于社交关系的双向推荐奖励机制；当产品推荐成本较低时，相比于只奖励推荐人，双向推荐奖励机制可以进一步将企业利润提升约3%。

（3）研究完成了影响者类型的划分与产品推广模型的建立。根据社交网络中影响者的相对度大小划分影响者类型，建立考虑影响者类型的产品推广模型，通过在BA人工网络和Enron电子邮件网络上的仿真模拟实验，分析不同类型影响者的影响覆盖范围、产品推广转化率和平均获客成本，探究在有限营销预算约束下影响者类型与产品推广效果之间的关系，发现在营销预算约束下，多个小网红的产品推广效果通常优于少数大网红的产品推广效果。

（4）研究改进了传统的信息传播模型。在基于社交网络的影响者营销活动背景下，结合消费者效用理论，综合考虑个体对产品的估值、消费者受到的邻居影响、消费者被动性、影响者参与度以及信息传播过程中影响力的时间衰减性质等因素，改进传统的独立级联模型，建立更加贴近现实产品推广过程的信息传播模型，更合理地描述产品的信息扩散过程以及消费者决策和互动机制。

（5）研究定义了三跳衰减中心性以有效衡量节点影响力。通过梳理和总结节点度、局部中心性和邻域中心性等影响力衡量指标，综合考虑节点的邻居数量与关系强度信息，进一步结合节点影响力随信息传播深度衰减的性质，定义了节点的三跳衰减中心性，通过在网络中的仿真模拟实验证明了三跳衰减中心性在本书所改进的信息传播模型中的有效性。

（6）研究通过理论模型分析了同伴影响对企业定价策略和利润的影响。研究结果表明，口碑和同伴影响可以显著改变消费者的购买行为和企业的盈利能力。当同伴影响的强度足够高时，消费者产品估值异质性为企业创造了收取更高产品价格和实现更高利润的机会。然而，如果消费者之间没有同伴影响，消费者产品估值的异质性总是损害企业的利润。

7.2　研究展望

在后续的研究工作中，还有很多值得探讨的问题，以下列出一些未来可能的研究机会，欢迎广大学者探讨与交流。

（1）研究在竞争市场中社交影响在企业经营和营销策略中的作用是非常有意义的。在实际经营中，企业通常面临竞争对手，而目前的大部分研究没有考虑市场竞争因素。在竞争性市场环境下，社会化影响对企业利润的影响是非常复杂而不明确的。在某些情况下，社会化影响会加剧竞争，损害双方的利润。例如，实证数据证明了社会化影响会导致"富者越富"现象，即社会化影响导致初始销量较高的产品在未来会吸引更多的买家。在这种情况下，企业可能不得不通过降低产品上市价格来积累初始销量，这也意味着社会化影响可能会导致两个竞争性企业之间的价格战并损害两个企业的利润。然而，在有些情况下，社会影响可以使两家公司同时受益。以 5G 技术为例，最初不确定这项技术价值的消费者会延迟购买以观察其他消费者的采用行为。由于社会化影响或产品的网络效应，华为 5G 手机的普及也可能促使小米 5G 手机的普及。在未来的研究中，学者可以进一步分析在社交网络背景下，企业在竞争性的市场环境下的运营决策。

（2）在影响者选择策略方面，未来研究可以考虑多样的消费者特征和产品属性并合理利用社团结构。利用影响者进行产品推广本质上是一种产品推荐。在未来的研究中，能否借鉴推荐系统中的思想，基于消费者的特征和产品的特征更有针对性地选择网红、更有针对性地匹配消费者和产品等都是值得思考的问题。此外，社团结构的存在是社交网络的一大特点，社团内用户的联系较为紧密，不同社团之间的联系则相对较少。在后续研究中，为避免种子节点影响力的重叠，在选择影响者之前，可以先尝试划分社交网络中的社团结构，然后再基于社团结构确定影响者选择策略。

（3）现有的关于基于社交网络的产品推广策略的研究通常采用理论模型分析或仿真分析的研究方法。理论模型分析通常基于对社交网络特征、企业运营决策以及消费者的相互影响行为进行理论建模，以分析企业的最优定价、采购或其他运营决策；而仿真分析通常建立在对信息扩展准则的假设之上。在未来的研究中，通过实证数据检验理论模型或仿真分析中结论的可靠性具有重要意义。如果能够与企业进行合作，开展现场实验，收集不同激励策略对产品推广的实际效果，这将进一步推动社交网络与运营管理领域研究并发展现有的理论。

参 考 文 献

[1] Aaker D A. Measuring brand equity across products and markets [J]. California Management Review, 1996, 38(3): 78-83.

[2] Adams P. Grouped: How small groups of friends are the key to influence on the social web[M]. New Riders, 2011.

[3] Ajorlou A, Jadbabaie A, Kakhbod A. Dynamic pricing in social networks: The word-of-mouth effect[J]. Management Science, 2018, 64(2): 971-979.

[4] Allenby G M, Rossi P E. Marketing models of consumer heterogeneity[J]. Journal of Econometrics, 1998, 89(1-2): 57-78.

[5] Aral S, Walker D. Tie strength, embeddedness, and social influence: A large-scale networked experiment[J]. Management Science, 2014, 60(6): 1352-1370.

[6] Arvidsson A. Brands: Meaning and value in media culture [M]. Psychology Press, 2006.

[7] Aviv Y, Pazgal A. Optimal pricing of seasonal products in the presence of forward-looking consumers[J]. Manufacturing & Service Operations Management, 2008, 10(3): 339-359.

[8] Bae J, Kim S. Identifying and ranking influential spreaders in complex networks by neighborhood coreness[J]. Physica A: Statistical Mechanics and its Applications, 2014, 395: 549-559.

[9] Ballester C, Calvó-Armengol A, Zenou Y. Who's who in networks. Wanted: The key player[J]. Econometrica, 2006, 74(5): 1403-1417.

[10] Bapna R, Umyarov A. Do your online friends make you pay? A randomized field

experiment on peer influence in online social networks[J]. Management Science, 2015, 61(8): 1902-1920.

[11] Barabási A L, Albert R. Emergence of scaling in random networks[J]. Science, 1999, 286(5439): 509-512.

[12] Bensaid B, Lesne J P. Dynamic monopoly pricing with network externalities[J]. International Journal of Industrial Organization, 1996, 14(6): 837-855.

[13] Bimpikis K, Candogan O, Saban D. Spatial pricing in ride-sharing networks[J]. Operations Research, 2019, 67(3): 744-769.

[14] Bimpikis K, Ozdaglar A, Yildiz E. Competitive targeted advertising over networks [J]. Operations Research, 2016, 64(3): 705-720.

[15] Biyalogorsky E, Gerstner E, Libai B. Customer referral management: Optimal reward programs[J]. Marketing Science, 2001, 20(1): 82-95.

[16] Bloch F, Quérou N. Pricing in social networks[J]. Games and Economic Behavior, 2013, 80: 243-261.

[17] Boerman S C, Müller C M. Understanding which cues people use to identify influencer marketing on Instagram: an eye tracking study and experiment [J]. International Journal of Advertising, 2022, 41(1): 6-29.

[18] Bollinger B, Gillingham K. Peer effects in the diffusion of solar photovoltaic panels[J]. Marketing Science, 2012, 31(6): 900-912.

[19] Cabral L M B, Salant D J, Woroch G A. Monopoly pricing with network externalities [J]. International Journal of Industrial Organization, 1999, 17(2): 199-214.

[20] Camerer, Colin F., George Loewenstein, and Matthew Rabin, eds. Advances in Behavioral Economics[M]. Princeton University Press, 2011.

[21] Campbell C, Farrell J R. More than meets the eye: The functional components underlying influencer marketing[J]. Business Horizons, 2020, 63(4): 469-479.

[22] Candogan O, Bimpikis K, Ozdaglar A. Optimal pricing in networks with externalities [J]. Operations Research, 2012, 60(4): 883-905.

[23] Canniford R. How to manage consumer tribes[J]. Journal of Strategic Marketing,

2011, 19(7): 591-606.

[24] Cao Z, Chu J, Hui K L, et al. The relationship between online referral marketing and price promotion: Evidence from a large e-commerce platform [J]. Journal of Management Information Systems, 2021, 38(3): 855-888.

[25] Carroni E, Pin P, Righi S. Bring a friend! Privately or Publicly? [J]. Management Science, 2020, 66(5): 2269-2290.

[26] Castro L, Toro M A. The evolution of culture: from primate social learning to human culture[J]. Proceedings of the National Academy of Sciences of the United States of America, 2004, 101(27): 10235-10240.

[27] Chae I, Stephen A T, Bart Y, et al. Spillover effects in seeded word-of-mouth marketing campaigns[J]. Marketing Science, 2017, 36(1): 89-104.

[28] Chatterjee P. Drivers of new product recommending and referral behaviour on social network sites[J]. International Journal of Advertising, 2011, 30(1): 77-101.

[29] Chen D, Lü L, Shang M S, et al. Identifying influential nodes in complex networks[J]. Physica A: Statistical Mechanics and its Applications, 2012, 391(4): 1777-1787.

[30] Chen W, Wang Y, Yang S. Efficient influence maximization in social networks [C]//Proceedings of the 15th ACM SIGKDD International Conference on Knowledge Discovery and Data Mining. 2009: 199-208.

[31] Chen Y. The Rise of "Micro-Influencers" on Instagram[EB/OL]. [2023-03-12]. https://digiday.com/marketing/micro-influencers/.

[32] Cohen M C, Harsha P. Designing price incentives in a network with social interactions[J]. Manufacturing & Service Operations Management, 2020, 22(2): 292-309.

[33] Colladon A F, Grippa F, Innarella R. Studying the association of online brand importance with museum visitors: An application of the semantic brand score[J]. Tourism Management Perspectives, 2020, 33: 100588.

[34] Colladon A F. The semantic brand score[J]. Journal of Business Research, 2018,

88: 150-160.

[35]Consumer tribes[M]. Routledge, 2007.

[36]Cova B, Cova V. Tribal marketing: The tribalisation of society and its impact on the conduct of marketing[J]. European Journal of Marketing, 2002, 36(5/6): 595-620.

[37]Crapis D, Ifrach B, Maglaras C, et al. Monopoly pricing in the presence of social learning[J]. Management Science, 2017, 63(11): 3586-3608.

[38]De Matos M G, Ferreira P, Krackhardt D. Peer influence in the diffusion of iPhone 3G over a large social network[J]. Mis Quarterly, 2014, 38(4): 1103-1134.

[39]De Veirman M, Cauberghe V, Hudders L. Marketing through instagram influencers: The impact of number of followers and product divergence on brand attitude[J]. International Journal of Advertising, 2017, 36(5): 798-828.

[40]DeGroot M H. Reaching a consensus[J]. Journal of the American Statistical Association, 1974, 69(345): 118-121.

[41]Divol, R., Edelman, D., & Sarrazin, H. (2012). Demystifying social media. Retrived by, https://www. mckinsey. com/business-functions/marketing-and-sales/ our-insights/demystifying-social-media.

[42]Djafarova E, Rushworth C. Exploring the credibility of online celebrities' Instagram profiles in influencing the purchase decisions of young female users[J]. Computers in Human Behavior, 2017, 68: 1-7.

[43]Dodds W B, Monroe K B, Grewal D. Effects of price, brand, and store information on buyers' product evaluations[J]. Journal of Marketing Research, 1991, 28(3): 307-319.

[44]Domingos P, Richardson M. Mining the network value of customers[C]// Proceedings of the seventh ACM SIGKDD international conference on Knowledge discovery and data mining. 2001: 57-66.

[45]Doshi R, Ranganathan A R, Rao S. Modeling Influencer Marketing Campaigns In Social Networks[J]. 2021, 38(3): 51-56.

[46]Dunbar R. How many friends does one person need? [M]//How Many Friends Does

One Person Need?. Harvard University Press, 2022.

[47] Fainmesser I P, Galeotti A. Pricing network effects: Competition [J]. American Economic Journal: Microeconomics, 2020, 12(3): 1-32.

[48] Fainmesser I P, Galeotti A. Pricing network effects[J]. The Review of Economic Studies, 2016, 83(1): 165-198.

[49] Feick L, Higie R A. The effects of preference heterogeneity and source characteristics on ad processing and judgements about endorsers[J]. Journal of Advertising, 1992, 21(2): 9-24.

[50] Feldwick P. Do we really need 'brand equity'? [J]. Journal of Brand Management, 1996, 4(1): 9-28.

[51] Fuggetta R. Brand advocates: Turning enthusiastic customers into a powerful marketing force[M]. John Wiley & Sons, 2012.

[52] Fullerton, L. (2017). Online reviews impact purchasing decisions for over 93% of consumers, report suggests. https://www. thedrum. com/ news/2017/03/27/ online-reviews-impact-purchasing-decisions-over-93-consumers-report-suggests.

[53] Garbarino E, Lee O F. Dynamic pricing in internet retail: effects on consumer trust[J]. Psychology & Marketing, 2003, 20(6): 495-513.

[54] Gerdeman, D. (2019). How influencers are making over beauty marketing. https://www. forbes. com/sites/hbsworkingknowledge/2019/12/13/howinfluencers-are-making-over-beauty-marketing/? sh=46393e551203.

[55] Gilbert N. 50 Significant Referral Marketing Statistics: 2022 Data Analysis & Market Share. URL: 50 Significant Referral Marketing Statistics: 2022 Data Analysis & Market Share -Financesonline. com. Retrieved: 2022.

[56] Girón F J, Ríos S. Quasi-Bayesian Behaviour: A more realistic approach to decision making? [J]. Trabajos de estadística y de investigación operativa, 1980, 31 (1): 17-38.

[57] Giuffredi-Kähr A, Petrova A, Malär L. Sponsorship disclosure of influencers-a curse or a blessing? [J]. Journal of Interactive Marketing, 2022, 57(1): 18-34.

[58] Gladwell M. The tipping point: How little things can make a big difference[M]. Little Brown, 2002.

[59] Gloor P, Colladon A F, de Oliveira J M, et al. Put your money where your mouth is: Using deep learning to identify consumer tribes from word usage[J]. International Journal of Information Management, 2020, 51: 101924.

[60] Goldenberg J, Libai B, Muller E. Talk of the network: A complex systems look at the underlying process of word-of-mouth[J]. Marketing letters, 2001, 12: 211-223.

[61] Goldenberg J, Libai B, Muller E. Using complex systems analysis to advance marketing theory development: Modeling heterogeneity effects on new product growth through stochastic cellular automata[J]. Academy of Marketing Science Review, 2001, 9(3): 1-18.

[62] Goldenberg D, Sela A, Shmueli E. Timing matters: Influence maximization in social networks through scheduled seeding[J]. IEEE Transactions on Computational Social Systems, 2018, 5(3): 621-638.

[63] Gómez A R. Digital Fame and Fortune in the age of Social Media: A Classification of social media influencers[J]. aDResearch: Revista Internacional de Investigación en Comunicación, 2019 (19): 8-29.

[64] Goyal A, Lu W, Lakshmanan L V S. Celf++ optimizing the greedy algorithm for influence maximization in social networks[C]//Proceedings of the 20th international conference companion on World wide web. 2011: 47-48.

[65] Granovetter M S. The strength of weak ties[J]. American Journal of Sociology, 1973, 78(6): 1360-1380.

[66] Hanneman R A, Riddle M. Introduction to social network methods: Centrality and power[J]. Retrieved September, 2005, 19: 2005.

[67] Hashimoto K, Matsubayashi N. A note on dynamic monopoly pricing under consumption externalities[J]. Economics Letters, 2014, 124(1): 1-8.

[68] Hasselbach J L, Roosen J. Consumer heterogeneity in the willingness to pay for local and organic food[J]. Journal of Food Products Marketing, 2015, 21(6): 608-625.

[69] Hinz O, Hann I I H, Spann M. Price discrimination in e-commerce? An examination of dynamic pricing in name-your-own price markets[J]. Mis Quarterly, 2011: 81-98.

[70] Hostelsclub. (2018). You can now pay for your dinner with followers. https: //www. hostelsclub. com/en/magazine/pay-with-followers-youcan-in-milan-when-eating-sushi# commento-login-box-container.

[71] Hu H, Wang L, Jiang L, et al. Strong ties versus weak ties in word-of-mouth marketing[J]. Business Research Quarterly, 2019, 22(4): 245-256.

[72] Hu L X, Min Q F, Han S N, et al. Understanding followers' stickiness to digital influencers: The effect of psychological responses [J]. International Journal of Information Management, 2020, 54: 102-169.

[73] Hu M, Wang Z, Feng Y. Information disclosure and pricing policies for sales of network goods[J]. Operations Research, 2020, 68(4): 1162-1177.

[74] Huang J, Mani A, Wang Z. The value of price discrimination in large social networks[J]. Management Science, 2022, 68(6): 4454-4477.

[75] Hussain, A. (2017). Why do people buy top 10 factors that influence purchase decision. https: //blog. hubspot. com/marketing/why-people-buy-factorsinfluence-purchase-descision.

[76] Hwang K, Zhang Q. Influence of parasocial relationship between digital celebrities and their followers on followers' purchase and electronic word-of-mouth intentions, and persuasion knowledge[J]. Computers in Human Behavior, 2018, 87: 155-173.

[77] Ismail K. Social media influencers: Mega, macro, micro or nano[EB/OL]. [2023-03-12]. https: //www. cmswire. com/digital-marketing/social-media-influencers-mega-macro-micro-or-nano/.

[78] Iyengar R, Van den Bulte C, Valente T W. Opinion leadership and social contagion in new product diffusion[J]. Marketing Science, 2011, 30(2): 195-212.

[79] Jackson M O, Rogers B W. Meeting strangers and friends of friends: How random are social networks? [J]. American Economic Review, 2007, 97(3): 890-915.

[80] Jackson M O. Social and economic networks [M]. Princeton: Princeton University

Press, 2008.

[81]Jankowski J, Bródka P, Kazienko P, et al. Balancing speed and coverage by sequential seeding in complex networks[J]. Scientific Reports, 2017, 7(1): 891.

[82]Jankowski J, Bródka P, Michalski R, et al. Seeds buffering for information spreading processes [C]//Social Informatics: 9th International Conference, SocInfo 2017, Oxford, UK, September 13-15, 2017, Proceedings, Part I 9. Springer International Publishing, 2017: 628-641.

[83] Jiménez-Castillo D, Sánchez-Fernández R. The role of digital influencers in brand recommendation: Examining their impact on engagement, expected value and purchase intention[J]. International Journal of Information Management, 2019, 49: 366-376.

[84]Jin L, Huang Y. When giving money does not work: The differential effects of monetary versus in-kind rewards in referral reward programs [J]. International Journal of Research in Marketing, 2014, 31(1): 107-116.

[85]Jing B. Social learning and dynamic pricing of durable goods[J]. Marketing Science, 2011, 30(5): 851-865.

[86] Jing X, Xie J. Group buying: A new mechanism for selling through social interactions[J]. Management Science, 2011, 57(8): 1354-1372.

[87]Jung J, Bapna R, Gupta A, et al. Impact of incentive mechanism in online referral programs: evidence from randomized field experiments [J]. Journal of Management Information Systems, 2021, 38(1): 59-81.

[88]Katz M L, Shapiro C. Technology adoption in the presence of network externalities[J]. Journal of Political Economy, 1986, 94(4): 822-841.

[89]Keller K L, Parameswaran M G, Jacob I. Strategic brand management: Building, measuring, and managing brand equity[M]. Pearson Education India, 2011.

[90] Keller K L. Conceptualizing, measuring, and managing customer-based brand equity[J]. Journal of marketing, 1993, 57(1): 1-22.

[91]Kempe D, Kleinberg J, Tardos É. Maximizing the spread of influence through a social network [C]//Proceedings of the ninth ACM SIGKDD international conference on

Knowledge discovery and data mining. 2003: 137-146.

[92] Khamis S, Ang L, Welling R. Self-branding, "micro-celebrity" and the rise of social media influencers[J]. Celebrity Studies, 2016, 8(2): 191-208.

[93] Ki C W C, Kim Y K. The mechanism by which social media influencers persuade consumers: The role of consumers' desire to mimic[J]. Psychology & Marketing, 2019, 36(10): 905-922.

[94] Kim, J. (2019). 6 influencer marketing best practices that all tech brands need to know. https://aspire.io/blog/influencer-marketing-tech-brands/.

[95] Kiser E K. Heterogeneity in price sensitivity and retail price discrimination[J]. American Journal of Agricultural Economics, 1998, 80(5): 1150-1153.

[96] Kitsak M, Gallos L K, Havlin S, et al. Identification of influential spreaders in complex networks[J]. Nature physics, 2010, 6(11): 888-893.

[97] Klimt B, Yang Y. Introducing the Enron corpus[C]//CEAS. 2004, 45: 92-96.

[98] Kornish L J, Li Q. Optimal referral bonuses with asymmetric information: Firm-offered and interpersonal incentives[J]. Marketing Science, 2010, 29(1): 108-121.

[99] Leduc M V, Jackson M O, Johari R. Pricing and referrals in diffusion on networks[J]. Games and Economic Behavior, 2017, 104: 568-594.

[100] Leskovec J, Krause A, Guestrin C, et al. Cost-effective outbreak detection in networks[C]//Proceedings of the 13th ACM SIGKDD international conference on Knowledge discovery and data mining, 2007: 420-429.

[101] Leskovec J. Stanford Large Network Dataset Collection. URL: Stanford Large Network Dataset Collection. Retrieved: 2022.

[102] Li D, Wang W, Liu J. Grassroots VS elites: Which ones are better candidates for influence maximization in social networks? [J]. Neurocomputing, 2019, 358: 321-331.

[103] Libai B, Muller E, Peres R. Decomposing the value of word-of-mouth seeding programs: Acceleration versus expansion[J]. Journal of Marketing Research, 2013, 50(2): 161-176.

[104] Liu J, Zhang Y, Wang X, et al. Dynamic Pricing on E-commerce Platform with Deep Reinforcement Learning: A Field Experiment [J]. arXiv preprint arXiv: 1912. 02572, 2019.

[105] Liu Y, Tang M, Zhou T, et al. Identify influential spreaders in complex networks, the role of neighborhood [J]. Physica A: Statistical Mechanics and its Applications, 2016, 452: 289-298.

[106] Lobel I, Sadler E, Varshney L R. Customer referral incentives and social media [J]. Management Science, 2017, 63(10): 3514-3529.

[107] Lou C, Yuan S P. Influencer marketing: How message value and credibility affect consumer trust of branded content on social media [J]. Journal of Interactive Advertising, 2019, 19(1): 58-73.

[108] Ma L, Krishnan R, Montgomery A L. Latent homophily or social influence? An empirical analysis of purchase within a social network [J]. Management Science, 2015, 61(2): 454-473.

[109] Ma Q, Shou B, Huang J, et al. Monopoly pricing with participation-dependent social learning about quality of service [J]. Production and Operations Management, 2021, 30(11): 4004-4022.

[110] Mallipeddi R R, Kumar S, Sriskandarajah C, et al. A framework for analyzing influencer marketing in social networks: selection and scheduling of influencers [J]. Management Science, 2022, 68(1): 75-104.

[111] Manshadi V, Misra S, Rodilitz S. Diffusion in random networks: Impact of degree distribution [J]. Operations Research, 2020, 68(6): 1722-1741.

[112] Marketing Charts. (2019). Consumers point to Facebook as their top digital channel for discovering new brands. https: //www. marketingcharts. com/ digital/social-media-107848.

[113] Marsden P V, Campbell K E. Measuring tie strength [J]. Social Forces, 1984, 63 (2): 482-501.

[114] McAfee R P, Te Velde V. Dynamic pricing in the airline industry [J]. Handbook on

Economics and Information Systems, 2006, 1: 527-567.

[115] Mckinsey. Demystifying social media [EB/OL]. [2023-03-17]. https://www. mckinsey. com/capabilities/growth-marketing-and-sales/our-insights/demystifying-social-media.

[116] Newcomb, M. (2020). A conversation with sony on ambassador programs. https:// www. traackr. com/blog/conversation-sony-ambassador-programs.

[117] Nguyen H, Zheng R. On budgeted influence maximization in social networks[J]. IEEE Journal on Selected Areas in Communications, 2013, 31(6): 1084-1094.

[118] Ni C, Yang J, Kong D. Sequential seeding strategy for social influence diffusion with improved entropy-based centrality [J]. Physica A: Statistical Mechanics and its Applications, 2020, 545: 123659.

[119] Papanastasiou Y, Savva N. Dynamic pricing in the presence of social learning and strategic consumers[J]. Management Science, 2017, 63(4): 919-939.

[120] Rabin M. Incorporating limited rationality into economics[J]. Journal of Economic Literature, 2013, 51(2): 528-543.

[121] Rhoden, M. Create brand superfans[J]. Harvard Business Review, 2011.

[122] Roberts K. Lovemarks: The future beyond brands[M]. Powerhouse Books, 2005.

[123] Rogers E M. Diffusion of innovations[M]. Simon and Schuster, 2010.

[124] Romero D M, Galuba W, Asur S, et al. Influence and passivity in social media[C]// Proceedings of the 20th international conference companion on World wide web. 2011: 113-114.

[125] Ryu G, Feick L. A penny for your thoughts: Referral reward programs and referral likelihood[J]. Journal of Marketing, 2007, 71(1): 84-94.

[126] Sääskilahti P. Monopoly pricing of social goods [J]. International Journal of the Economics of Business, 2015, 22(3): 429-448.

[127] Santora, J. (2022). Key influencer marketing statistics you need to know for 2022. https://influencermarketinghub. com/influencer-marketingstatistics/.

[128] Sciandra M R. Money talks, but will consumers listen? Referral reward programs and

the likelihood of recommendation acceptance[J]. Journal of Marketing Theory and Practice, 2019, 27(1): 67-82.

[129] Seeman L, Singer Y. Adaptive seeding in social networks[C]//2013 IEEE 54th Annual Symposium on Foundations of Computer Science. IEEE, 2013: 459-468.

[130] Sela A, Ben-Gal I, Pentland A S, et al. Improving information spread through a scheduled seeding approach[C]//Proceedings of the 2015 IEEE/ACM International Conference on Advances in Social Networks Analysis and Mining 2015. 2015: 629-632.

[131] Senthilnathan S. The relationship of brand equity to purchase intention[J]. IUP Journal of Marketing Management, May, 2012, 18(1): 69-73.

[132] Shan Y, Chen K J, Lin J S. When social media influencers endorse brands: The effects of self-influencer congruence, parasocial identification, and perceived endorser motive[J]. International Journal of Advertising, 2020, 39(5): 590-610.

[133] Shen B, Qian R, Choi T M. Selling luxury fashion online with social influences considerations: Demand changes and supply chain coordination[J]. International Journal of Production Economics, 2017, 185: 89-99.

[134] Shi M. Social network-based discriminatory pricing strategy[J]. Marketing Letters, 2003, 14: 239-256.

[135] Shin E. Monopoly pricing and diffusion of social network goods[J]. Games and Economic Behavior, 2017, 102: 162-178.

[136] Snoj B, Korda A P, Mumel D. The relationships among perceived quality, perceived risk and perceived product value[J]. Journal of Product & Brand Management, 2004, 13(3): 156-167.

[137] Srinivasan V, Park C S, Chang D R. An approach to the measurement, analysis, and prediction of brand equity and its sources[J]. Management Science, 2005, 51(9): 1433-1448.

[138] Statista. (2022). Most popular social networks worldwide as of January 2022, ranked by number of monthly active users (in millions). https://www.statista.com/

statistics/272014/global-social-networksranked-by-number-of-users/.

[139]STNTV. (2018). 76% of consumers now buy products they discover on social media. https：//stntv. com/76-of-consumers-now-buy-productsthey-discover-on-social-media/.

[140]Stokey N L. Intertemporal price discrimination [J]. The Quarterly Journal of Economics, 1979, 93(3)：355-371.

[141]Sun S, Zheng X, Sun L. Multi-period pricing in the presence of competition and social influence [J]. International Journal of Production Economics, 2020, 227：107662.

[142]Sweeney J, Payne A, Frow P, et al. Customer advocacy：A distinctive form of word of mouth[J]. Journal of Service Research, 2020, 23(2)：139-155.

[143] Syam N B, Pazgal A. Co-creation with production externalities[J]. Marketing Science, 2013, 32(5)：805-820.

[144]Tong G, Wu W, Tang S, et al. Adaptive influence maximization in dynamic social networks[J]. IEEE/ACM Transactions on Networking, 2016, 25(1)：112-125.

[145]Trusov M, Bucklin R E, Pauwels K. Effects of word-of-mouth versus traditional marketing：findings from an internet social networking site [J]. Journal of Marketing, 2009, 73(5)：90-102.

[146]Tussyadiah S P, Kausar D R, Soesilo P K M. The effect of engagement in online social network on susceptibility to influence[J]. Journal of Hospitality & Tourism Research, 2018, 42(2)：201-223.

[147] Ugander J, Karrer B, Backstrom L, et al. The anatomy of the facebook social graph[J]. arXiv preprint arXiv：1111. 4503, 2011.

[148]Ushchev P, Zenou Y. Price competition in product variety networks[J]. Games and Economic Behavior, 2018, 110：226-247.

[149]Uzunoğlu E, Kip S M. Brand communication through digital influencers：Leveraging blogger engagement[J]. International Journal of Information Management, 2014, 34 (5)：592-602.

[150]Varian H R. Price discrimination[J]. Handbook of Industrial Organization, 1989,

1: 597-654.

[151]Verlegh P W J, Ryu G, Tuk M A, et al. Receiver responses to rewarded referrals: the motive inferences framework[J]. Journal of the Academy of Marketing Science, 2013, 41(6): 669-682.

[152]Wang L, Chen Z. The effect of incentive structure on referral: the determining role of self-construal[J]. Journal of the Academy of Marketing Science, 2022: 1-20.

[153] Wang W, Street W N. Modeling and maximizing influence diffusion in social networks for viral marketing[J]. Applied Network Science, 2018, 3(1): 1-26.

[154]Weiss R M, Mehrotra A K. Online dynamic pricing: Efficiency, equity and the future of e-commerce[J]. Va. JL & Tech., 2001, 6: 1.

[155]Williams, M. (2018). Understanding consumer behavior and motivations. Retrived by, https://blogs. oracle. com/oracledatacloud/understanding-consumer-behavi-ormotivations.

[156]Wong, K. (2014). Xiaomi and the power of the fan economy. Retrived by, https://blog. btrax. com/xiaomi-the-fan-economy-and-word-of-mouth-marketing/.

[157]Wright C P, Groenevelt H, Shumsky R A. Dynamic revenue management in airline alliances[J]. Transportation Science, 2010, 44(1): 15-37.

[158]Wright T. Fizz: Harness the power of word of mouth marketing to drive brand growth[M]. McGraw Hill Professional, 2014.

[159]Xiao M, Wang R, Chan-Olmsted S. Factors affecting YouTube influencer marketing credibility: A heuristic-systematic model[J]. Journal of Media Business Studies, 2018, 15(3): 188-213.

[160]Xiao P, Tang C S, Wirtz J. Optimizing referral reward programs under impression management considerations[J]. European Journal of Operational Research, 2011, 215(3): 730-739.

[161]Xu X, Pratt S. Social media influencers as endorsers to promote travel destinations: An application of self-congruence theory to the Chinese generation Y[J]. Journal of Travel & Tourism Marketing, 2018, 35(7): 958-972.

[162]Yu M, Debo L, Kapuscinski R. Strategic waiting for consumer-generated quality information: Dynamic pricing of new experience goods[J]. Management Science, 2016, 62(2): 410-435.

[163]Zenith. (2012). How social influence can get you discounts on your next purchase. https://www.zenithmedia.com/how-social-influence-can-get-youdiscounts-on-your-next-purchase-moxie-pulse/.

[164]Zhang J, Liu Y, Chen Y. Social learning in networks of friends versus strangers[J]. Marketing Science, 2015, 34(4): 573-589.

[165]Zhang J, Wang B, Sheng J, et al. Identifying influential nodes in complex networks based on local effective distance[J]. Information, 2019, 10(10): 311.

[166]Zhang Y, Chen Y J. Optimal nonlinear pricing in social networks under asymmetric network information[J]. Operations Research, 2020, 68(3): 818-833.

[167]Zhang Y, Godes D. Learning from online social ties[J]. Marketing Science, 2018, 37(3): 425-444.

[168]Zheng R, Shou B, Yang J. Supply disruption management under consumer panic buying and social learning effects[J]. Omega, 2021, 101: 102238.

[169]Zheng R, Wang R, Yang C. How consumer valuation heterogeneity impacts firms' profit: Peer influence makes a difference[J]. Computers & Industrial Engineering, 2020, 149: 106846.

[170]Zheng R, Yuan Y, Li Y. Sales disclosure and pricing policies in the presence of social learning[J]. Mathematical Problems in Engineering, 2021, 2021: 1-16.

[171]Zhou D, Yao Z. Optimal Referral Reward Considering Customer's Budget Constraint[J]. Future Internet, 2015, 7(4): 516-529.

[172]Zhou J, Chen Y J. Key leaders in social networks[J]. Journal of Economic Theory, 2015, 157: 212-235.

[173]Zhou J, Chen Y J. Targeted information release in social networks[J]. Operations Research, 2016, 64(3): 721-735.

[174]曹玖新, 崔桂旗, 冯雪艳, 闵绘宇. 社交网络中基于成本的广告投放策略[J].

东南大学学报(自然科学版), 2018, 48(04): 583-589.

[175]陈锟. 种子顾客的网络分布对创新扩散的影响[J]. 管理科学, 2010, 23(01): 38-43.

[176]段永瑞, 尹佳. 基于巴斯模型的消费者推荐奖励和广告投入动态定价决策[J]. 中国管理科学, 2020, 28(08): 65-75.

[177]李锋, 魏莹. 消费者小世界社会网络下双寡头产品定价策略[J]. 系统仿真学报, 2017, 29(06): 1174-1185.

[178]李锋, 魏莹. 小世界网络环境下谣言传播对产品定价的影响[J]. 系统仿真学报, 2018, 30(02): 533-542.

[179]马志浩, 葛进平, 周翔. 网络直播用户的持续使用行为及主观幸福感——基于期望确认模型及准社会关系的理论视角[J]. 新闻与传播评论, 2020, 73(02): 29-46.

[180]梅新蕾, 荆兵. 拼多多的崛起与未来[J]. 21 世纪商业评论, 2019(04): 12-19.

[181]石伟晶. 短视频行业报告: 视频号为何能迅速突破"快抖"封锁[R]. 东兴证券, 2020: 1-12.

[182]汪小帆, 李翔, 陈关荣, 网络科学导论[M]. 北京: 高等教育出版社, 2012: 13-108.

[183]魏尉, 梅姝娥, 仲伟俊. 社交媒体中企业分享奖励营销模式研究[J]. 中国管理科学, 2021, 29(10): 213-223.

[184]夏欣, 马闯, 张海峰. 基于改进的度折扣方法研究社交网络影响力最大化问题[J]. 电子科技大学学报, 2021, 50(03): 450-458.

[185]赵晋. 波士顿矩阵分析在实际案例中的运用[J]. 中国高新技术企业, 2008(08): 25.

[186]庄新田, 黄玮强. 基于消费者网络的金融创新扩散研究[J]. 管理科学学报, 2009, 12(03): 132-141.

后　记

　　从 2013 年开始读博至 2023 年整理撰写本书，十年光阴已过。对大多数青年人来说，大学毕业后的十年是快速成长的十年，对我也不例外。成长的路上，有很多的人生感悟，经常有提笔写一写的想法，却又担心这些感悟早有前人总结自己只是重复一遍而未付之于笔。这是我第一次写书，至此，本书的这篇后记似乎是一个比较好的机会，让我对过去十年学习和工作中的重要感悟做一个梳理。

　　过去十年，与"成长"这个关键词相对应的另一个经常出现的词是焦虑，从 2013 年 9 月开始读博至 2017 年年底毕业，其间最多的是操心毕业和与之相伴的整天在实验室里的学习生活。从 2018 年年初至 2020 年 8 月的博士后生涯，操心最多的是博士后出站问题，与之相伴的是一边学习一边带娃的生活。从 2020 年 9 月参加工作至今，最多的是初入职场的适应与成长，与之相伴的是同时兼顾教学、科研和带两个娃的多重任务。我思考自己是如何完成这些任务的，在之前我可能会有一些答案，比如勤奋努力、坚持不懈等。但现在这些答案似乎又不成立，因为学习、工作和带娃似乎本身就是我所需要的生活，怎么能把它们算作任务呢？

　　未来十年，一定也是要不断发展与进步的十年。在未来成长的道路上，找到坚定的方向，找到适合自己的节奏非常重要。关于这两个问题的答案，我还在不断摸索中。在能够看清未来的道路之前，我只能做好眼前事，过好当下的生活，尽量遵从自己的内心，能够有所进步和突破。不管走在什么样的道路上，希望自己能够内心坚定，给自己多一些信心和时间。

　　过去十年的千言万语在眼下似乎只写出以上两段文字，这些也一定是自己最近所关注和思考的问题，记录于此，以作纪念。

笔者

2024 年 1 月 22 日

附录 定理与命题的证明和相关补充材料

第 3 章相关定理与命题的证明

命题 3.1 的证明： 消费者 i 的估值阈值 θ_{i1} 和 θ_{i2} 分别满足

$$u_{i1}(\theta_{i1},\ p_{i1}) - u_{i2}(\theta_{i1},\ p_{i2}) = (1 - \delta_1)\,\theta_{i1} - p_{i1} + \delta_1 p_{i2} - \delta_1 k \sum_j g_{ij} x_j = 0$$

$$(\mathrm{EC.1})$$

$$u_{i2}(\theta_{i2},\ p_{i2}) = \theta_{i2} - p_{i2} + k \sum_j g_{ij} x_j = 0 \qquad (\mathrm{EC.2})$$

由式（EC.1），可以推导出 $\theta_{i1} = \dfrac{p_{i1}}{(1 - \delta_1)} - \dfrac{\delta_1 p_{i2}}{(1 - \delta_1)} + \dfrac{\delta_1 k}{(1 - \delta_1)} \sum_j g_{ij} x_j$。如果

$0 \leqslant \dfrac{p_{i1}}{(1 - \delta_1)} - \dfrac{\delta_1 p_{i2}}{(1 - \delta_1)} + \dfrac{\delta_1 k}{(1 - \delta_1)} \sum_j g_{ij} x_j \leqslant 1$，那么 $x_i = 1 - \theta_{i1} = 1 - \dfrac{p_{i1}}{(1 - \delta_1)} +$

$\dfrac{\delta_1 p_{i2}}{(1 - \delta_1)} - \dfrac{\delta_1 k}{(1 - \delta_1)} \sum_j g_{ij} x_j$。如果 $\dfrac{p_{i1}}{(1 - \delta_1)} - \dfrac{\delta_1 p_{i2}}{(1 - \delta_1)} + \dfrac{\delta_1 k}{(1 - \delta_1)} \sum_j g_{ij} x_j > 1$，

这意味着消费者 i 在时期 1 不会购买，因此，$x_i = 0$。如果 $\dfrac{p_{i1}}{(1 - \delta_1)} - \dfrac{\delta_1 p_{i2}}{(1 - \delta_1)} +$

$\dfrac{\delta_1 k}{(1 - \delta_1)} \sum_j g_{ij} x_j < 0$，那么消费者 i 肯定会在时期 1 购买，即 $x_i = 1$。

由式（EC.2）可以推导出 $\theta_{i2} = p_{i2} - k \sum_j g_{ij} x_j$。对于时期 2 的消费者 i，其估值上

限为 $1 - x_i$。如果 $p_{i2} - k \sum_j g_{ij} x_j > 1 - x_i$，那么消费者 i 在时期 2 购买的概率等于

0。如果 $p_{i2} - k \sum_j g_{ij} x_j < 0$，那么消费者 i 在时期 2 购买的概率等于 $1 - x_i$。如果 $0 \leqslant$

$p_{i2} - k\sum_j g_{ij}x_j \leqslant 1 - x_i$，那么消费者 i 在时期 2 购买的概率等于 $1 - x_i - p_{i2} + k\sum_j g_{ij}$ x_j。

定理 3.1 的证明： 由问题（3-11）得 $\frac{\partial\pi}{\partial x} = 1 - 2x - \delta_1 y - \delta_2(I - kG^T)y$，$\frac{\partial\pi}{\partial y} =$

$-\delta_1 x + \delta_2 1 - 2\delta_2 y - \delta_2(I - kG)x$，$\frac{\partial^2\pi}{\partial x^2} = -2I$，$\frac{\partial^2\pi}{\partial y^2} = -2\delta_2 I$，$\frac{\partial^2\pi}{\partial x\partial y} = -\delta_1 I -$

$\delta_2(I - kG)$，$\frac{\partial^2\pi}{\partial y\partial x} = -\delta_1 I - \delta_2(I - kG^T)$。用 H 表示 π 的海塞矩阵，如下所示：

$$H = \begin{bmatrix} \dfrac{\partial^2\pi}{\partial y^2} & \dfrac{\partial^2\pi}{\partial y\partial x} \\[2mm] \dfrac{\partial^2\pi}{\partial x\partial y} & \dfrac{\partial^2\pi}{\partial x^2} \end{bmatrix} = \begin{bmatrix} -2\delta_2 I & -\delta_1 I - \delta_2(I - kG^T) \\ -\delta_1 I - \delta_2(I - kG) & -2I \end{bmatrix}$$

$$-H = \begin{bmatrix} 2\delta_2 I & \delta_1 I + \delta_2(I - kG^T) \\ \delta_1 I + \delta_2(I - kG) & 2I \end{bmatrix}$$

H 是负定的等价于 $-H$ 是正定的。根据定理："给定矩阵 A，B，$C \in R^{n\times n}$，分块

矩阵 $D = \begin{bmatrix} A & B^T \\ B & C \end{bmatrix}$ 为正定的等价于 A 正定且 $C - BA^{-1}B^T$ 正定"，可知 $-H$ 为正定矩

阵等价于 $2\delta_2 I$ 正定且 $2I - \dfrac{1}{2\delta_2}[(\delta_1 + \delta_2)I - \delta_2 kG][(\delta_1 + \delta_2)I - \delta_2 k G^T]$ 正定。

首先，对于 $\delta_2 \in (0,1]$，$2\delta_2 I$ 是正定的总成立。第二，让 $R =$

$\left(\dfrac{\delta_1 + \delta_2}{2\delta_2}I - \dfrac{kG}{2}\right)\left(\dfrac{\delta_1 + \delta_2}{2\delta_2}I - \dfrac{kG^T}{2}\right)$，有 $2I - \dfrac{1}{2\delta_2}[(\delta_1 + \delta_2)I - \delta_2 kG][(\delta_1 + \delta_2)I - \delta_2 k$

$G^T] = 2\left[I - \delta_2\left(\dfrac{\delta_1 + \delta_2}{2\delta_2}I - \dfrac{kG}{2}\right)\left(\dfrac{\delta_1 + \delta_2}{2\delta_2}I - \dfrac{kG^T}{2}\right)\right] = [I - \delta_2 R]$。设 $\lambda(R)$ 表示 R 的

任意特征值，则 $[I - \delta_2 R]$ 的特征值为 $1 - \delta_2\lambda(R)$。当且仅当 $\lambda(R) < \dfrac{1}{\delta_2}$ 时，$[I -$

$\delta_2 R]$ 为正定矩阵。

条件 $\lambda(R) < \dfrac{1}{\delta_2}$ 保证了问题（3-11）的无约束版本最优定价策略的存在性和唯一

性。在此条件下,求解无约束的问题(3-11)。令 $T = [I - \delta_2 R]^{-1}$,可得:

$$y^* = \frac{(\delta_2 - \delta_1)}{4\delta_2} T \cdot 1 + \frac{k}{4} T \cdot G \cdot 1$$

$$x^* = \frac{1}{2}1 - \frac{(\delta_2^2 - \delta_1^2)}{8\delta_2} T1 - \frac{(\delta_2 + \delta_1)k}{8} TG1 + \frac{(\delta_2 - \delta_1)k}{8} G^T T1 + \frac{\delta_2 k^2}{8} G^T TG1$$

将 x^* 和 y^* 代入 $p_1(x,y)$ 和 $p_2(x,y)$,得到

$$p_1^* = \frac{1}{2}1 + \frac{(\delta_2 - \delta_1)^2}{8\delta_2} T1 + \frac{(\delta_2 - \delta_1)k}{8} TG1 - \frac{(\delta_2 - \delta_1)k}{8} G^T T1 - \frac{\delta_2 k^2}{8} G^T TG1$$

$$p_2^* = \frac{1}{2}(I + kG)1 - \left[I - \delta_2(I - kG)\left(\frac{\delta_1 + \delta_2}{2\delta_2}I - \frac{kG^T}{2}\right)\right]$$

$$\left[\frac{k}{4}TG1 + \frac{(\delta_2 - \delta_1)}{4\delta_2}T1\right]$$

然后,检查优化问题中的约束条件。约束条件要求对于任意 $i \in \{1,2,\cdots,n\}$,x_i^* 和 y_i^* 的应满足 $x_i^* \geq 0$,$y_i^* \geq 0$ 和 $x_i^* + y_i^* \leq 1$。

设 $(M)_{ij}$ 表示任意矩阵 M 的第 ij 项,定义 $T_i = \sum_{j=1}^n (T)_{ij}$,$A_i = \sum_{j=1}^n (TG)_{ij}$,$B_i = \sum_{j=1}^n (G^T T)_{ij}$,$C_i = \sum_{j=1}^n (G^T TG)_{ij}$,则 x_i^* 和 y_i^* 的约束条件等价于:

$$-\frac{(\delta_2^2 - \delta_1^2)}{8\delta_2} T_i - \frac{(\delta_2 + \delta_1)k}{8} A_i + \frac{(\delta_2 - \delta_1)k}{8} B_i + \frac{\delta_2 k^2}{8} C_i \geq -\frac{1}{2}$$

$$\frac{(\delta_2 - \delta_1)}{4\delta_2} T_i + \frac{k}{4} A_i \geq 0$$

$$\frac{(\delta_2 - \delta_1)(2 - \delta_2 - \delta_1)}{8\delta_2} T_i + \frac{(2 - \delta_2 - \delta_1)k}{8} A_i + \frac{(\delta_2 - \delta_1)k}{8} B_i + \frac{\delta_2 k^2}{8} C_i \leq \frac{1}{2}$$

这些条件构成条件1。

条件1: (i) $\lambda(R) < \frac{1}{\delta_2}$; (ii) 对于任意 $i \in \{1, 2, \cdots, n\}$,参数 δ 和 k 满足

$$-\frac{(\delta_2^2 - \delta_1^2)}{8\delta_2} T_i - \frac{(\delta_2 + \delta_1)k}{8} A_i + \frac{(\delta_2 - \delta_1)k}{8} B_i + \frac{\delta_2 k^2}{8} C_i \geq -\frac{1}{2}, \quad \frac{(\delta_2 - \delta_1)}{4\delta_2} T_i + \frac{k}{4} A_i$$

≥ 0 和 $\dfrac{(\delta_2 - \delta_1)(2 - \delta_2 - \delta_1)}{8\delta_2} T_i + \dfrac{(2 - \delta_2 - \delta_1)k}{8} A_i + \dfrac{(\delta_2 - \delta_1)k}{8} B_i + \dfrac{\delta_2 k^2}{8} C_i$

$\leqslant \dfrac{1}{2}$。

条件1′ 的推导：当 G 是对称的并且 $\delta = \delta_1 = \delta_2$ 时，有 $\boldsymbol{R} = \left(\boldsymbol{I} - \dfrac{k}{2}\boldsymbol{G}\right)^2$ 和 $\lambda(\boldsymbol{R}) = \left(1 - \dfrac{k}{2}\lambda(\boldsymbol{G})\right)^2$。因此，条件 $\lambda(\boldsymbol{R}) < \dfrac{1}{\delta}$ 等于 $\left(1 - \dfrac{k}{2}\lambda(\boldsymbol{G})\right)^2 < \dfrac{1}{\delta}$，据此可得 $k < \min\left(\dfrac{2\sqrt{\delta}+2}{\sqrt{\delta}\,\lambda_{\max}(\boldsymbol{G})}, \dfrac{2-2\sqrt{\delta}}{-\sqrt{\delta}\,\lambda_{\min}(\boldsymbol{G})}\right)$。简化条件 1 中的第 (ii) 项，可以直接得到条件 1′ 中的第 (ii) 项。

在下面，对条件 1′ 中的第 (ii) 项进行更多的分析。首先，作为下面分析的基础，很容易证明，给定 $0 < \delta < 1$，$\boldsymbol{G} \geqslant 0$，且 $\boldsymbol{T} = [\boldsymbol{I} - \delta\boldsymbol{R}]^{-1} = \displaystyle\sum_{l=0}^{\infty} \delta^l \boldsymbol{R}^l = \sum_{l=0}^{\infty} \delta^l \left(\boldsymbol{I} - \dfrac{k}{2}\boldsymbol{G}\right)^{2l} > 0$，对于节点 i，有 $A_i = \displaystyle\sum_{j=1}^{n} (\boldsymbol{TG})_{ij} \geqslant 0$ 和 $C_i = \displaystyle\sum_{j=1}^{n} (\boldsymbol{TG}^2)_{ij} \geqslant 0$。

对于节点 i，如果 $A_i = 0$ 或 $C_i = 0$，则可以直接看出条件 1′ 的第 (ii) 项要求 k 不超过某个阈值。在下面，关注 $A_i > 0$ 和 $C_i > 0$ 的情况。定义 $f_1(k) = \dfrac{\delta C_i k^2}{8} + \dfrac{(1-\delta)A_i k}{4} - \dfrac{1}{2}$；$f_2(k) = \dfrac{\delta C_i k^2}{8} - \dfrac{\delta A_i k}{4} + \dfrac{1}{2}$，有以下成立：

- $f_1(k) \leqslant 0$ 等价于 $k \leqslant \dfrac{-(1-\delta)A_i + \sqrt{(1-\delta)^2 A_i^2 + 4\delta C_i}}{\delta C_i}$

- 若 $\delta A_i^2 - 4C_i \leqslant 0$，则 $f_2(k) \geqslant 0$ 始终成立；若 $\delta A_i^2 - 4C_i > 0$，则 $f_2(k) \geqslant 0$ 等价于 $k \leqslant \dfrac{\delta A_i - \sqrt{\delta^2 A_i^2 - 4\delta C_i}}{\delta C_i}$ 或 $k \geqslant \dfrac{\delta A_i + \sqrt{\delta^2 A_i^2 - 4\delta C_i}}{\delta C_i}$

由此可知，条件 1′ 中的第 (ii) 项等价于以下不同的情形：

情形(1)：若 $\delta A_i^2 - 4C_i \leqslant 0$ 或 $(\delta A_i^2 - 4C_i > 0$ 且 $\sqrt{(1-\delta)^2 A_i^2 + 4\delta C_i} + \sqrt{\delta^2 A_i^2 - 4\delta C_i} \leqslant A_i)$，则 $0 \leqslant k \leqslant \dfrac{-(1-\delta)A_i + \sqrt{(1-\delta)^2 A_i^2 + 4\delta C_i}}{\delta C_i}$

情形(2)：若 $\delta A_i^2 - 4C_i > 0$，$\sqrt{(1-\delta)^2 A_i^2 + 4\delta C_i} + \sqrt{\delta^2 A_i^2 - 4\delta C_i} > A_i$，

且 $\sqrt{(1-\delta)^2 A_i^2 + 4\delta C_i} - \sqrt{\delta^2 A_i^2 - 4\delta C_i} \leqslant A_i$，则 $0 \leqslant k \leqslant \dfrac{\delta A_i - \sqrt{\delta^2 A_i^2 - 4\delta C_i}}{\delta C_i}$

情形(3)：若 $\delta A_i^2 - 4C_i > 0$ 且 $\sqrt{(1-\delta)^2 A_i^2 + 4\delta C_i} - \sqrt{\delta^2 A_i^2 - 4\delta C_i} > A_i$

则 $0 \leqslant k \leqslant \dfrac{\delta A_i - \sqrt{\delta^2 A_i^2 - 4\delta C_i}}{\delta C_i}$ 或者

$$\frac{\delta A_i + \sqrt{\delta^2 A_i^2 - 4\delta C_i}}{\delta C_i} \leqslant k \leqslant \frac{-(1-\delta) A_i + \sqrt{(1-\delta)^2 A_i^2 + 4\delta C_i}}{\delta C_i}$$

因此，可以知道，如果要求条件 $1'$ 中的第(ii)项成立，就必须要求 k 低于某个阈值。

命题 3.2 的证明：当 $G^T = G$ 时，化简 p_1^* 很简单，这里省略具体细节。p_2^* 的化简如下：

$$p_2^* = \frac{1}{2}(I + kG) \cdot \mathbf{1} - \frac{k}{4}\left[I - \delta(I - kG)\left(I - \frac{k}{2}G\right)\right][I - \delta R]^{-1} G\mathbf{1}$$

$$= \frac{1}{2}(I + kG) \cdot \mathbf{1} - \frac{k}{4}\left[I - \delta R + \frac{\delta k}{2}G\left(I - \frac{k}{2}G\right)\right][I - \delta R]^{-1} G\mathbf{1}$$

$$= \frac{1}{2} \cdot \mathbf{1} + \frac{k}{4}G\mathbf{1} - \frac{\delta k^2}{8}\left(I - \frac{k}{2}G\right)[I - \delta R]^{-1} G^2\mathbf{1}$$

$$= \frac{1}{2} \cdot \mathbf{1} + \frac{k}{4}G\mathbf{1} - \frac{\delta k^2}{8}[I - \delta R]^{-1} G^2\mathbf{1} + \frac{\delta k^3}{16}[I - \delta R]^{-1} G^3\mathbf{1}$$

$$p_2^* - p_1^* = \frac{k}{4}G \cdot \mathbf{1} + \frac{\delta k^3}{16}\left[I - \delta\left(I - \frac{k}{2}G\right)^2\right]^{-1} G^3 \cdot \mathbf{1}$$

$$= \frac{k}{4}G \cdot \mathbf{1} + \frac{\delta k^3}{16}[I - \delta R]^{-1} G^3 \cdot \mathbf{1}$$

由 $\lambda_{\max}(R) < \dfrac{1}{\delta}$ 且 δ 小于 1 可以得到 $T = [I - \delta R]^{-1} = \sum\limits_{l=0}^{\infty} \delta^l R^l = \sum\limits_{l=0}^{\infty} \delta^l$

$\left(I - \dfrac{k}{2}G\right)^{2l} > 0$。而且由于 G(对于 $G \neq O$)是正矩阵，δ 和 k 都是正参数，因此，

$$p_2^* - p_1^* = \frac{k}{4}G \cdot \mathbf{1} + \frac{\delta k^3}{16}TG^3 \cdot \mathbf{1} > 0, \ \text{即} p_2^* > p_1^* \text{。}$$

命题 3.3 的证明：基于 p_1^* 和 p_2^* 的表达式，可以很容易得到命题 3.3 中的结果。

命题 3.4 的证明：设 θ_1 和 θ_2 分别表示 d 度规则网络中消费者在时期 1 和时期 2 的最低购买估值。由式(3-3)和式(3-4)可得：

$$\theta_1 = \frac{1}{(1-\delta)} p_1^d - \frac{\delta}{(1-\delta)} p_2^d + \frac{\delta k}{(1-\delta)} d(1 - F(\theta_1))$$

$$\theta_2 = p_2^d - kd(1 - F(\theta_1))$$

情形 1：当 $0 \leqslant \theta_2 \leqslant \theta_1 \leqslant 1$，得：

$$\theta_1 = \frac{p_1^d - \delta p_2^d + \delta dk}{(1-\delta) + \delta dk} \tag{EC.3}$$

$$\theta_2 = \frac{dk p_1^d + (1-\delta) p_2^d - (1-\delta) dk}{(1-\delta) + \delta dk} \tag{EC.4}$$

卖家的优化问题为：

$$\max \pi = p_1^d D_1 + \delta p_2^d D_2,$$

$$\text{s.t.} \quad D_1 = n(1 - \theta_1), \quad D_2 = n(\theta_1 - \theta_2), \quad 0 \leqslant \theta_2 \leqslant \theta_1 \leqslant 1$$

π 的海塞矩阵为 $\boldsymbol{H} = \dfrac{1}{(1-\delta) + \delta dk} \begin{bmatrix} -2 & 2\delta - \delta dk \\ 2\delta - \delta dk & -2\delta \end{bmatrix}$。当 $4 - \delta$ $(2 - dk)^2 > 0$（相当于 $0 \leqslant k < \dfrac{2}{d} + \dfrac{2}{d\sqrt{\delta}}$）时，$\boldsymbol{H}$ 为负定。当 $\boldsymbol{H}$ 为负定时，利用一阶导条件，可得：

$$p_1^d = \frac{2(1-\delta) + \delta dk(2 - dk)}{4 - \delta(2 - dk)^2} \tag{EC.5}$$

$$p_2^d = \frac{2dk + (1-\delta)(2 - dk)}{4 - \delta(2 - dk)^2} \tag{EC.6}$$

检验约束 $0 \leqslant \theta_2 \leqslant \theta_1 \leqslant 1$（如式(EC.3)和(EC.4)），得到当 $k \in \left[0, \dfrac{2}{d}\right)$ 时，$p_1^d > 0$（如式(EC.5)）和 $p_2^d > 0$（如式(EC.6)），此时约束 $0 \leqslant \theta_2 \leqslant \theta_1 \leqslant 1$ 成立。

因此，当 $k \in [0, \dfrac{2}{d})$，最优价格为 $p_1^{d*} = \dfrac{2(1-\delta) + \delta dk(2-dk)}{4 - \delta(2-dk)^2}$ 和 $p_2^{d*} =$

$\dfrac{2dk + (1-\delta)(2-dk)}{4 - \delta(2-dk)^2}$。在这种情形下，$\pi^* = n[p_1^{d*}(1-\theta_1^*) + \delta p_2^{d*}(\theta_1^* -$

$\theta_2^*)]$，其中 $1 - \theta_1^* = \dfrac{2(1-\delta) + \delta kd}{4 - \delta(2-dk)^2}$ 和 $\theta_1^* - \theta_2^* = \dfrac{dk}{4 - \delta(2-dk)^2}$。

然而，当 $k > \dfrac{2}{d}$，$\theta_2 = \dfrac{[(1-\delta) + \delta kd](2-kd)}{4 - \delta(2-dk)^2} < 0$。这意味着最优定价策略

应使市场在时期 2 被覆盖。在这种情形下，卖家的优化问题如情形 2 中所述。

情形 2：当 $k \geqslant \dfrac{2}{d}$ 时。卖家的优化问题为：

$$\max \pi = n[p_1^d(1-\theta_1) + \delta p_2^d \theta_1]$$

$$\text{s. t. } \theta_2 = p_2^d - kd(1-\theta_1) \leqslant 0, \quad 0 \leqslant \theta_1 \leqslant 1$$

当 $\theta_1 = \dfrac{1}{(1-\delta)} p_1^d - \dfrac{\delta}{(1-\delta)} p_2^d + \dfrac{\delta k}{(1-\delta)} d(1-\theta_1)$ 时，得到 $p_1^d = (1-\delta)\theta_1 + \delta$

$p_2^d - \delta kd(1-\theta_1)$ 卖家的优化问题可以写成：

$$\max \pi = [(1-\delta)\theta_1 + \delta p_2^d - \delta kd(1-\theta_1)](1-\theta_1) + \delta p_2^d \theta_1$$

$$\text{s. t. } p_2^d \leqslant kd(1-\theta_1), \quad 0 \leqslant \theta_1 \leqslant 1$$

π 随 p_2^d 的增加而增加。因此，最优 p_2^d 满足 $p_2^d = kd(1-\theta_1)$，基于此，优化问题

可以写成：

$$\max \pi = (1-\delta)\theta_1(1-\theta_1) + \delta kd(1-\theta_1)\theta_1$$

$$\text{s. t. } 0 \leqslant \theta_1 \leqslant 1$$

$\dfrac{\partial \pi}{\partial \theta_1} = (1-\delta)(1-2\theta_1) + \delta kd(1-2\theta_1)$ 和 $\dfrac{\partial^2 \pi}{\partial \theta_1^2} < 0$。由此可知，$\theta_1^* = \dfrac{1}{2}$，据此

可进一步得到：$p_1^{d*} = \dfrac{1-\delta}{2}$，$p_2^{d*} = \dfrac{kd}{2}$，$D_1 = D_2 = \dfrac{1}{2}$，和 $\pi^* = \dfrac{n[(1-\delta) + \delta dk]}{4}$。

命题 3.5 的证明：情形 1：当 $0 \leqslant k < \dfrac{2}{d}$。定义 $A = 2 - dk$，有 $p_1^{d*} =$

$\dfrac{2(1-\delta)+\delta(2-A)A}{4-\delta A^2}$，$p_2^{d*}=\dfrac{(1-\delta)A+2(2-A)}{4-\delta A^2}$。对于 $d\geqslant 0$ 和 $k\geqslant 0$，有 $A\in$

$(0,2]$ 且 A 随着 k 和 d 递减。

$$\frac{\partial p_1^{d*}}{\partial A}=\frac{2\delta}{(4-\delta A^2)^2}[4-2A-2\delta A+\delta A^2]$$

定义 $g(\delta,A)=4-2A-2\delta A+\delta A^2$。求导可得，$\dfrac{\partial g(\delta)}{\partial\delta}=-2A+A^2$。对于任何 A

$\in(0,2]$，$\dfrac{\partial g(\delta)}{\partial\delta}\leqslant 0$，这意味着 $g(\delta,A)$ 随着 δ 递减。由此可知 $g(\delta,A)>$

$g(1,A)=4-4A+A^2=(A-2)^2\geqslant 0$。因此，$\dfrac{\partial p_1^{d*}}{\partial A}=\dfrac{2\delta g(\delta,A)}{(4-\delta A^2)^2}>0$。即 p_1^{d*} 随 A 递

增，进而得 p_1^{d*} 随 k 和 d 递减。

$$\frac{\partial p_2^{d*}}{\partial A}=\frac{1}{(4-\delta A^2)^2}[-4-4\delta-\delta^2 A^2-\delta A^2+8\delta A]$$

$$=\frac{1}{(4-\delta A^2)^2}[-(2-\delta A)^2-\delta(2-A)^2]\leqslant 0$$

因此，p_2^{d*} 随 A 递减，进而可得 p_2^{d*} 随 k 和 d 递增。

情形2：当 $k\geqslant\dfrac{2}{d}$ 时，此时 $p_1^{d*}=\dfrac{1-\delta}{2}$，$p_2^{d*}=\dfrac{kd}{2}$。很明显，$p_2^{d*}$ 随 k 和 d 递增，而 p_1^{d*}

随 k 和 d 保持不变。

$$p_1^{d*}-p_2^{d*}=\begin{cases}\dfrac{-(1-\delta)dk-\delta d^2 k^2}{4-\delta[2-dk]^2}&\text{if }0<k<\dfrac{2}{d}\\[3mm]\dfrac{1-\delta}{2}-\dfrac{kd}{2}&\text{if }k\geqslant\dfrac{2}{d}\end{cases}$$

容易证明，对于任意 $k>0$，$p_1^{d*}-p_2^{d*}<0$ 始终成立。

命题3.6 与命题3.7 的证明：这两个命题的证明需要结合星型网络中的分析结果，读者可以参见相关论文 "*Differential pricing in social networks with strategic consumers*" 的线上补充资料。

命题 3.7 中 $\overline{k}_{\text{gstar}}$ 的表达式：

$$
\overline{k}_{\text{gstar}} = \begin{cases}
\max\left\{ \dfrac{1}{\delta\gamma}, \dfrac{1-\delta}{\delta(2-\gamma)}, \dfrac{1}{2-\delta}, \dfrac{1}{\delta\tau(2-\gamma)}, \dfrac{1-\delta}{\delta[\tau\gamma-(n_1-1)]}, \right. \\
\qquad\qquad\qquad \left. \dfrac{1-\delta}{\delta[\tau(2-\gamma)-(n_1-1)]} \right\} \\
\qquad \text{if} \quad \tau\gamma > (n_1-1), \tau(2-\gamma) > (n_1-1) \\[1em]
\max\left\{ \dfrac{1}{\delta\gamma}, \dfrac{1-\delta}{\delta(2-\gamma)}, \dfrac{1}{2-\delta}, \dfrac{1}{\delta\tau(2-\gamma)}, \dfrac{1-\delta}{\delta[\tau(2-\gamma)-(n_1-1)]} \right\} \\
\qquad \text{if} \quad \tau\gamma \leqslant (n_1-1), \tau(2-\gamma) > (n_1-1) \\[1em]
\max\left\{ \dfrac{1}{\delta\gamma}, \dfrac{1-\delta}{\delta(2-\gamma)}, \dfrac{1}{2-\delta}, \dfrac{1}{\delta\tau(2-\gamma)}, \dfrac{1-\delta}{\delta[\tau\gamma-(n_1-1)]} \right\} \\
\qquad \text{if} \quad \tau\gamma > (n_1-1), \tau(2-\gamma) \leqslant (n_1-1) \\[1em]
\max\left\{ \dfrac{1}{\delta\gamma}, \dfrac{1-\delta}{\delta(2-\gamma)}, \dfrac{1}{2-\delta}, \dfrac{1}{\delta\tau(2-\gamma)} \right\}, \text{otherwise}
\end{cases}
$$

命题 3.8 的证明： 首先，当 δ 和 k 是较小的数时，有：

$$
T = [I - \delta R]^{-1} = \sum_{l=0}^{\infty} \delta^l R^l \approx I + \delta R + \mathcal{O}(\delta^2)
$$

$$
p_1^* \approx \frac{1}{2}\mathbf{1} - \frac{\delta k^2}{8} G^T \cdot [I + \delta R + \mathcal{O}(\delta^2)] \cdot G \cdot \mathbf{1} \approx \frac{1}{2}\mathbf{1} - \frac{\delta k^2}{8} G^T G \mathbf{1} + \mathcal{O}(\delta^2)
$$

$$
p_2^* \approx \frac{1}{2}\mathbf{1} + \frac{k}{4} G \mathbf{1} - \frac{\delta k^2}{8} G[I + \delta R + \mathcal{O}(\delta^2)] G \mathbf{1} + \mathcal{O}(\delta^2) + \mathcal{O}(k^3)
$$

$$
\approx \frac{1}{2}\mathbf{1} + \frac{k}{4} G \mathbf{1} - \frac{\delta k^2}{8} G^2 \mathbf{1} + \mathcal{O}(\delta^2) + \mathcal{O}(k^3)
$$

$$
x^* \approx \frac{1}{2}\mathbf{1} - \frac{\delta k}{4} G \cdot \mathbf{1} + \frac{\delta k^2}{8} G^T G \mathbf{1} + \mathcal{O}(\delta^2)
$$

$$
y^* \approx \frac{k}{4} G \mathbf{1} + \frac{\delta k}{4} G \cdot \mathbf{1} - \frac{\delta k^2}{8} G^T G \mathbf{1} - \frac{\delta k^2}{8} G^2 \mathbf{1} + \mathcal{O}(\delta^2) + \mathcal{O}(k^3)
$$

$$
\pi^* = p_1^{*T} x^* + p_2^{*T} y^* \approx \frac{n}{4} + \frac{\delta k^2}{16} \mathbf{1}^T G^T G \mathbf{1} + \mathcal{O}(\delta^2) + \mathcal{O}(k^3)
$$

当 $\boldsymbol{G}=\xi\boldsymbol{G}^s+(1-\xi)\,\boldsymbol{G}^c$，$\boldsymbol{G}^T\boldsymbol{G}=\xi^2\,(\boldsymbol{G}^s)^{\,T}\boldsymbol{G}^s+\xi(1-\xi)\,\boldsymbol{G}^c\boldsymbol{G}^s+\xi(1-\xi)\,(\boldsymbol{G}^s)^{\,T}\boldsymbol{G}^c+(1-\xi)^2\,(\boldsymbol{G}^c)^2$ 且 $\boldsymbol{G}^2=\xi^2\,(\boldsymbol{G}^s)^2+\xi(1-\xi)\,\boldsymbol{G}^c\,\boldsymbol{G}^s+\xi(1-\xi)\,\boldsymbol{G}^s\,\boldsymbol{G}^c+(1-\xi)^2\,(\boldsymbol{G}^c)^2$

$$(\boldsymbol{G}^c)^2=\begin{bmatrix}\dfrac{1}{(n-1)} & \dfrac{(n-2)}{(n-1)^2} & \cdots & \dfrac{(n-2)}{(n-1)^2}\\[2mm]\dfrac{(n-2)}{(n-1)^2} & \dfrac{1}{(n-1)} & \cdots & \dfrac{(n-2)}{(n-1)^2}\\[1mm]\vdots & \vdots & \ddots & \vdots\\[1mm]\dfrac{(n-2)}{(n-1)^2} & \dfrac{(n-2)}{(n-1)^2} & \cdots & \dfrac{1}{(n-1)}\end{bmatrix}$$

$$\boldsymbol{G}^c\,\boldsymbol{G}^s=\begin{bmatrix}1 & 0 & \cdots & 0\\[2mm]\dfrac{n-2}{(n-1)} & \dfrac{1}{(n-1)^2} & \cdots & \dfrac{1}{(n-1)^2}\\[1mm]\vdots & \vdots & \ddots & \vdots\\[1mm]\dfrac{n-2}{(n-1)} & \dfrac{1}{(n-1)^2} & \cdots & \dfrac{1}{(n-1)^2}\end{bmatrix}$$

$$(\boldsymbol{G}^s)^{\,T}\boldsymbol{G}^c=\begin{bmatrix}1 & \dfrac{(n-2)}{(n-1)} & \cdots & \dfrac{(n-2)}{(n-1)}\\[2mm]0 & \dfrac{1}{(n-1)^2} & \cdots & \dfrac{1}{(n-1)^2}\\[1mm]\vdots & \vdots & \ddots & \vdots\\[1mm]0 & \dfrac{1}{(n-1)^2} & \cdots & \dfrac{1}{(n-1)^2}\end{bmatrix}$$

$$(\boldsymbol{G}^s)^{\,T}\boldsymbol{G}^s=\begin{bmatrix}n-1 & 0 & \cdots & 0\\[2mm]0 & \dfrac{1}{(n-1)^2} & \cdots & \dfrac{1}{(n-1)^2}\\[1mm]\vdots & \vdots & \ddots & \vdots\\[1mm]0 & \dfrac{1}{(n-1)^2} & \cdots & \dfrac{1}{(n-1)^2}\end{bmatrix}$$

$$G^s G^c = \begin{bmatrix} \dfrac{1}{(n-1)} & \dfrac{(n-2)}{(n-1)^2} & \cdots & \dfrac{(n-2)}{(n-1)^2} \\[3mm] 0 & \dfrac{1}{(n-1)} & \cdots & \dfrac{1}{(n-1)} \\[2mm] \vdots & \vdots & \ddots & \vdots \\[2mm] 0 & \dfrac{1}{(n-1)} & \cdots & \dfrac{1}{(n-1)} \end{bmatrix}$$

$$(G^s)^2 = \begin{bmatrix} 1 & 0 & \cdots & 0 \\[2mm] 0 & \dfrac{1}{(n-1)} & \cdots & \dfrac{1}{(n-1)} \\[2mm] \vdots & \vdots & \ddots & \vdots \\[2mm] 0 & \dfrac{1}{(n-1)} & \cdots & \dfrac{1}{(n-1)} \end{bmatrix}$$

可以得到，$p_{11}^* \approx \dfrac{1}{2} - \dfrac{\delta k^2}{8} \sum_{j=1}^{n} (G^T G)_{1j} + \mathcal{O}(\delta^2) + \mathcal{O}(k^3) = \dfrac{1}{2} - \dfrac{\delta k^2}{8} [(n-2)\xi + 1] +$

$\mathcal{O}(\delta^2) + \mathcal{O}(k^3)$。

对于 $i \in \{2,3,\cdots,n\}$，$p_{i1}^* \approx \dfrac{1}{2} - \dfrac{\delta k^2}{8} \sum_{j=1}^{n} (G^T G)_{ij} + \mathcal{O}(\delta^2) + \mathcal{O}(k^3) = \dfrac{1}{2} -$

$\dfrac{\delta k^2}{8} \left[1 - \dfrac{(n-2)\xi}{(n-1)} \right] + \mathcal{O}(\delta^2) + \mathcal{O}(k^3)$。

对于 $i \in \{1,2,\cdots,n\}$，$p_{i2}^* \approx \dfrac{1}{2} + \dfrac{k}{4} \sum_{j=1}^{n} (G)_{ij} - \dfrac{\delta k^2}{8} \sum_{j=1}^{n} (G^2)_{ij} + \mathcal{O}(\delta^2) +$

$\mathcal{O}(k^3) = \dfrac{1}{2} + \dfrac{k}{4} - \dfrac{\delta k^2}{8} + \mathcal{O}(\delta^2) + \mathcal{O}(k^3)$。

$\pi^* \approx \dfrac{n}{4} + \dfrac{\delta k^2}{16} \mathbf{1}^T G^T G \mathbf{1} + \mathcal{O}(\delta^2) + \mathcal{O}(k^3) = \dfrac{n}{4} + \dfrac{\delta n k^2}{16} + \mathcal{O}(\delta^2) + \mathcal{O}(k^3)$。根据

上述式，可以得到命题 3.8 中的性质。

定理 3.2 的证明：将式(3-14)和式(3-15)代入问题(3-16)中的卖家利润函数，得

到卖家优化问题如下：

$$\max_{[p_1,p_2]} \quad \pi^u = p_1 \mathbf{1}^T M \mathbf{1} - \eta p_1^2 \mathbf{1}^T M \mathbf{1} + \eta \delta p_1 p_2 \mathbf{1}^T M \mathbf{1} + \eta \delta p_1 p_2 \mathbf{1}^T N M \mathbf{1} - \eta \delta^2 p_2^2$$

$$\mathbf{1}^T NM\mathbf{1} + \eta \delta^2 k p_2 \mathbf{1}^T NMG\mathbf{1} - \delta p_2{}^2 \mathbf{1}^T \mathbf{1} + \delta k p_2 \mathbf{1}^T G\mathbf{1} \qquad (\text{EC.}7)$$

$$\text{s. t.} \qquad\qquad 0 \le \theta_2^u \le \theta_1^u \le 1$$

步骤1: 简化问题(EC.7)中目标函数的表达式。注意 $M = [I + \eta\delta kG]^{-1}$. 定义

$m = \mathbf{1}^T M\mathbf{1} = \sum_{i=1}^n \sum_{j=1}^n (M)_{ij}$; $N = I - kG$, 定义 $q = \mathbf{1}^T NM\mathbf{1} = \mathbf{1}^T [I - kG]M\mathbf{1} =$

$m - \mathbf{1}^T kGM\mathbf{1}$. 由于 $kGM = \dfrac{1}{\eta\delta}(\eta\delta kGM) = \dfrac{1}{\eta\delta}[(I + \eta\delta kG)M - M] = \dfrac{1}{\eta\delta}[I - M]$ 可以

进一步简化 q 为 $q = m - \dfrac{1}{\eta\delta}\mathbf{1}^T[I - M]\mathbf{1} = m - \dfrac{(n - m)}{\eta\delta} = \dfrac{m - n}{\delta} + n$. 设 $l = \mathbf{1}^T G\mathbf{1} =$

$\sum_{i=1}^n \sum_{j=1}^n g_{ij}$, $r = \mathbf{1}^T NMG\mathbf{1}$. 由于 $M\eta\delta kG = I - M$, 则有 $\eta\delta kr = \mathbf{1}^T[I - kG][I - M]\mathbf{1} =$

$\mathbf{1}^T[I - M - kG + kGM]\mathbf{1} = n - m - kl + \dfrac{(n - m)}{\eta\delta}$。

步骤2: 求解问题(EC.7)的无约束版本。对 π^u 求导得:

$$\frac{\partial \pi^u}{\partial p_1} = m - 2\eta m p_1 + \eta\delta m p_2 + \eta\delta q p_2$$

$$\frac{\partial \pi^u}{\partial p_2} = \eta\delta m p_1 + \eta\delta q p_1 - 2\eta \delta^2 q p_2 + \eta \delta^2 kr - 2\delta n p2 + \delta kl$$

$$\frac{\partial^2 \pi^u}{\partial p_1^2} = -2\eta m, \quad \frac{\partial^2 \pi}{\partial p_2^2} = -2\eta \delta^2 q - 2\delta n = -2\eta \delta^2\left(\frac{m - n}{\delta} + n\right) - 2\delta n = -2\eta\delta m$$

$$\frac{\partial^2 \pi^u}{\partial p_1 \partial p_2} = \eta\delta m + \eta\delta q = \eta\delta m + \eta\delta\left[m - \frac{(n - m)}{\eta\delta}\right] = 2\eta\delta m + m - n$$

$$\frac{\partial^2 \pi}{\partial p_2 \partial p_1} = 2\eta\delta m + m - n$$

π^u 的海塞矩阵为 $\boldsymbol{H}_1 = \begin{bmatrix} -2\eta m & 2\eta\delta m + m - n \\ 2\eta\delta m + m - n & -2\eta\delta m \end{bmatrix}$。$\boldsymbol{H}_1$ 为负定等价于 $2\eta m > 0$

和 $4\eta\delta mn - (n - m)^2 > 0$。假设 $\boldsymbol{H}_1$ 为负定矩阵,可以基于一阶导条件求解无约束问

题的最优解,如下所示:

$$p_1^* = \frac{1 - \delta}{2} + \left[\frac{(1 + \delta)m - (1 - \delta)n}{2m}\right] * p_2^*$$

$$p_2^* = \left[\frac{m}{2} + \frac{q}{2} + \eta\delta kr + kl\right] \Big/ \left[2n + \eta\delta q - \frac{\eta\delta m}{2} - \frac{\eta\delta q^2}{2m}\right]$$

由于 $\dfrac{m}{2} + \dfrac{q}{2} + \eta\delta kr + kl = \dfrac{m}{2} + \dfrac{m-n}{2\delta} + \dfrac{n}{2} + n - m - kl + \dfrac{(n-m)}{\eta\delta} + kl =$

$\dfrac{(1+\delta)n - (1-\delta)m}{2\delta}$，$2n + \eta\delta q - \dfrac{\eta\delta m}{2} - \dfrac{\eta\delta q^2}{2m} = \dfrac{2(1+\delta)mn - (1-\delta)m^2 - (1-\delta)n^2}{2m\delta}$，

可以简化 p_2^* 为：

$$p_2^* = \frac{(1+\delta)mn - (1-\delta)m^2}{2(1+\delta)mn - (1-\delta)m^2 - (1-\delta)n^2} = \frac{(1+\delta)mn - (1-\delta)m^2}{(1-\delta)[4\eta\delta mn - (n-m)^2]}$$

令 $\omega = \dfrac{n}{m}$，可得 $p_2^* = \dfrac{(1+\delta)\omega - (1-\delta)}{2(1+\delta)\omega - (1-\delta) - (1-\delta)\omega^2} = \dfrac{(1+\delta)\omega - (1-\delta)}{\delta(1+\omega)^2 - (\omega-1)^2}$ 和

$p_1^* = \dfrac{1-\delta}{2} + \left[\dfrac{(1+\delta) - (1-\delta)\omega}{2}\right] * p_2^* = \dfrac{\delta(1+\omega^2) - (\omega-1)^2}{\delta(1+\omega)^2 - (\omega-1)^2}$。此处注意到条

件 $4\eta\delta mn - (n-m)^2 > 0$ 确保了 $\delta(1+\omega)^2 - (\omega-1)^2 = \dfrac{(1-\delta)}{m^2}[4\eta\delta mn - (n-m)^2] > 0$。

步骤 3：检查问题(3-16)中的约束条件。

$$\begin{cases} \boldsymbol{\theta}_1^u \leqslant \mathbf{1} & \Leftrightarrow \boldsymbol{M}\left[1 - \dfrac{p_1^*}{(1-\delta)} + \dfrac{\delta p_2^*}{(1-\delta)}\right] \cdot \mathbf{1} \geqslant \mathbf{0} & (uq1) \\[4mm] \boldsymbol{\theta}_2^u \geqslant \mathbf{0} & \Leftrightarrow p_2^* \cdot \mathbf{1} - k\boldsymbol{GM}\left[1 - \dfrac{p_1^*}{(1-\delta)} + \dfrac{\delta p_2^*}{(1-\delta)}\right] \cdot \mathbf{1} \geqslant \mathbf{0} & (uq2) \\[4mm] \boldsymbol{\theta}_1^u \geqslant \boldsymbol{\theta}_2^u & \Leftrightarrow \boldsymbol{N} \cdot \boldsymbol{M}\left[\dfrac{p_1^*}{(1-\delta)} - \dfrac{\delta p_2^*}{(1-\delta)} + \dfrac{\delta k}{(1-\delta)}\boldsymbol{G}\right] \cdot \mathbf{1} & (uq3) \\[4mm] & \quad - p_2^* \mathbf{1} + k\boldsymbol{G} \cdot \mathbf{1} \geqslant \mathbf{0} \end{cases}$$

由 于 $k\boldsymbol{GM} = \dfrac{(1-\delta)}{\delta}[\boldsymbol{I} - \boldsymbol{M}]$，不 等 式 $(uq2)$ 等 价 于 $\dfrac{(1-\delta)}{\delta}$

$\left[1 - \dfrac{p_1^*}{(1-\delta)} + \dfrac{\delta p_2^*}{(1-\delta)}\right][\boldsymbol{I} - \boldsymbol{M}] \cdot \mathbf{1} \leqslant p_2^* \cdot \mathbf{1}$. 由于 $\boldsymbol{N} \cdot \boldsymbol{M} = [\boldsymbol{I} - k\boldsymbol{G}]\boldsymbol{M} = \boldsymbol{M} -$

$k\boldsymbol{GM} = \boldsymbol{M} - \dfrac{(1-\delta)}{\delta}[\boldsymbol{I} - \boldsymbol{M}] = \dfrac{1}{\delta}\boldsymbol{M} - \dfrac{(1-\delta)}{\delta}\boldsymbol{I}$，不 等 式 $(uq3)$ 等 价 于

$$\left[\frac{p_1^*}{(1-\delta)} - \frac{\delta p_2^*}{(1-\delta)}\right]\left[\frac{1}{\delta}M - \frac{(1-\delta)}{\delta}I\right] + N \cdot M \frac{\delta k}{(1-\delta)}G \cdot 1 - p_2^* 1 + kG \cdot 1 \geqslant 0.$$

由于 $N \cdot M \frac{\delta k}{(1-\delta)}G \cdot 1 = [I - kG][I - M] = [I - M - kG + kGM]$，可以进一步得

到不等式 $(uq3)$ 等价于 $\left[\frac{p_1^*}{(1-\delta)} - \frac{\delta p_2^*}{(1-\delta)}\right]\left[\frac{1}{\delta}M - \frac{(1-\delta)}{\delta}I\right] + [I - M] \cdot 1 +$

$\frac{(1-\delta)}{\delta}[I - M] \cdot 1 - p_2^* 1 \geqslant 0.$ 总结上述得到：

$$\begin{cases} \theta_1^u \leqslant 1 & \Leftrightarrow \quad M\left[\frac{1 - \delta - p_1^* + \delta p_2^*}{(1-\delta)}\right] \cdot 1 \geqslant 0 \\[3mm] \theta_2^u \geqslant 0 & \Leftrightarrow \quad \left[\frac{1 - \delta - p_1^* + \delta p_2^*}{\delta}\right][I - M] \cdot 1 \leqslant p_2^* \cdot 1 \\[3mm] \theta_1^u \geqslant \theta_2^u & \Leftrightarrow \quad \left[\frac{p_1^* - \delta p_2^*}{(1-\delta)}\right]\left[\frac{1}{\delta}M - \frac{(1-\delta)}{\delta}I\right] \cdot 1 + \frac{1}{\delta}[I - M] \cdot 1 - p_2^* 1 \geqslant 0 \end{cases}$$

由于 $1 - \delta - p_1^* + \delta p_2^* = \frac{(1-\delta)\delta\omega(1+\omega)}{\delta(1+\omega)^2 - (\omega-1)^2} > 0$，进一步得到上述约束条件

是等价于 $M \cdot 1 \geqslant 0$, $M \cdot 1 \geqslant \frac{1 - \delta - p_1^*}{1 - \delta - p_1^* + \delta p_2^*} \cdot 1$, $M \cdot 1 \leqslant \frac{(1-\delta)(1 - p_1^*)}{1 - \delta - p_1^* + \delta p_2^*} \cdot 1$。

设 $m_i = \sum_{j=1}^n (M)_{ij}$, $\frac{1 - \delta - p_1^*}{1 - \delta - p_1^* + \delta p_2^*} = \frac{1 + \omega^2 - \delta(1+\omega)^2}{(1-\delta)\omega(1+\omega)}$, $\frac{(1-\delta)(1 - p_1^*)}{1 - \delta - p_1^* + \delta p_2^*} =$

$\frac{2}{1+\omega}$，由此可得，上述约束条件等价于：$\max\left\{0, \frac{1 + \omega^2 - \delta(1+\omega)^2}{(1-\delta)\omega(1+\omega)}\right\} \leqslant m_i \leqslant \frac{2}{1+\omega}$

（对任意的 $i \in \{1, 2, \cdots, n\}$）。

全连接网络、星型网络与环型网络中的利润对比分析。 研究通过对比这三种网络中企业的利润，初步探索网络拓扑结构对利润的影响。可以发现，给定相同网络节点数时，星型网络中的利润是高于环型网络，即使星型网络中总连接数为 $(n - 1)$，而环型网络中为 n，这体现了网络中节点度的差异可能会对企业有利。

比较 $\gamma = 1.8$ 时的差别定价策略和统一定价策略。 参数设置仍然是 $n = 10$ 和 $\delta = 0.9$。图 EC.1 展示了当 $\gamma = 1.8$ 时的最优价格。在此数值示例中，最优定价策略使得外围节点在时期 2 的需求和中心节点在时期 1 的需求始终等于 0。卖家的利润是由

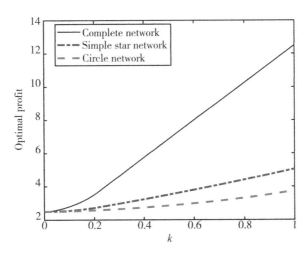

图 EC. 1　全连接网络、星型网络和环形网络中的利润对比

第 1 期外围节点的需求和时期 2 中心节点的需求驱动的。图 EC. 2(a) 表明，在差别定价和统一定价设置下，外围节点的第 1 期价格是相等的。类似地，图 EC. 2(b) 表明，在差别定价和统一定价策略中，中心节点的第 2 期价格也是相等的。最优差分定价策略与最优统一定价策略是一致的。因此，两种定价策略的最优利润相等。在数值示例中，中心节点的第一期价格差异和外围节点的第二期价格差异不影响最优利润，因此在图中省略了它们。

　　命题 3.9 的证明：在 d 度规则网络中，如果卖家采用全连接网络中的定价策略，则消费者的估值阈值满足

$$\theta_1^{ig} - p_1^{com*} = \delta\left[\theta_1^{ig} - p_2^{com*} + kd(1 - F(\theta_1^{ig}))\right] \tag{EC.8}$$

$$\theta_2^{ig} = p_2^{com*} - kd\left[1 - F(\theta_1^{ig})\right] \tag{EC.9}$$

对于 $d \leq n-1$，有 $p_1^{com*} \leq p_1^{d*}$ 且 $p_2^{com*} \geq p_1^{d*}$。可证明得 $\theta_1^{ig} \leq 1$，$\theta_2^{ig} \geq 0$，$\theta_1^{ig} \geq 0$ 始终成立。

　　情形 1：当 $\theta_1^{ig} > \theta_2^{ig}$ 时。根据 $0 \leq \theta_1^{ig} \leq 1$ 和式 (EC.8)，得到 $\theta_1^{ig} = \dfrac{p_1^{com*} - \delta p_2^{com*} + \delta kd}{1 - \delta + \delta kd}$。此时，卖家的利润满足 $\pi^{ig} = p_1^{com*}(1 - \theta_1^{ig}) + \delta p_2^{com*}(\theta_1^{ig} - \theta_2^{ig})$。

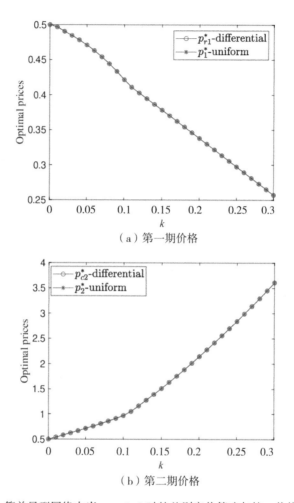

（a）第一期价格

（b）第二期价格

图 EC.2　简单星型网络中当 $\gamma = 1.8$ 时的差别定价策略与统一价格策略对比

情形 2：当 $\theta_2^{\mathrm{ig}} \geqslant \theta_1^{\mathrm{ig}}$ 时，没有消费者会在时期 2 购买。$\theta_2^{\mathrm{ig}} \geqslant \theta_1^{\mathrm{ig}}$ 等于

$$p_2^{\mathrm{com}*} - kd(1 - \theta_1^{\mathrm{ig}}) \geqslant \frac{p_1^{\mathrm{com}*}}{(1 - \delta)} - \frac{\delta p_2^{\mathrm{com}*}}{(1 - \delta)} + \frac{\delta kd}{(1 - \delta)}(1 - \theta_1^{\mathrm{ig}})$$

根据 $\theta_1^{\mathrm{ig}} = \dfrac{p_1^{\mathrm{com}*} - \delta p_2^{\mathrm{com}*} + \delta kd}{1 - \delta + \delta kd}$ 可知，$\theta_2^{\mathrm{ig}} \geqslant \theta_1^{\mathrm{ig}}$ 等价于 $d \leqslant \dfrac{p_2^{\mathrm{com}*}}{(1 - p_1^{\mathrm{com}*}) k}$。此外，由

式（EC.8）和（EC.9）可知，当 $\theta_2^{\mathrm{ig}} \geqslant \theta_1^{\mathrm{ig}}$ 时，θ_1^{ig} 满足 $\theta_1^{\mathrm{ig}} = p_1^{\mathrm{com}*}$。此时，$\pi^{\mathrm{ig}} = p_1^{\mathrm{com}*}(1 - p_1^{\mathrm{com}*})$。

在简单的星型网络中,忽略网络结构导致利润损失。参数设置为 $n=10, \delta=0.5$, $\gamma=1$。在一个简单的星形网络中(如图 EC.3 所示),如果卖家基于一个全连接网络结构来定价,那么所得到的第 2 阶段价格将会过高,这将导致所有外围节点在第 1 阶段进行购买。环形网络和星形网络的利润损失的主要区别在于,在星形网络中,当 k 高于某个阈值时,中心节点在第 2 期仍然有购买动机,因为他可以从第 1 期购买的外围节点那里获得正的网络外部性。因此,假设一个全连接网络结构所产生的利润会随 k 的增加保持增长。

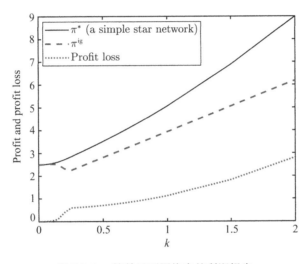

图 EC.3 简单星型网络中的利润损失

简单星型网络与广义星型网络中的定价策略分析。为了节省页面,这里没有将具体分析进行展示。具体分析过程读者如果有兴趣可以查看论文"*Differential pricing in social networks with strategic consumers*"的线上资料获得,读者也可与作者联系,作者邮箱 *ruizheng4@ whut.edu.cn*。

第 4 章相关定理与命题的证明

命题 4.1 的证明:根据指示函数,企业的利润优化问题可分为以下三种情形:

（1）当 $r_s \geqslant c$ 且 $(1-p)r_w \geqslant c$ 时，企业的利润优化问题为：

$$\max_{[p,r_s,r_w]} \pi = p(1-p) + \alpha n(p-r_s)(1-p) + (1-\alpha)n(p-r_w)(1-p)$$

$$\text{s.t.} \quad r_s \leqslant p$$

$$r_w \leqslant p$$

通过求一阶导可得，$\dfrac{\partial \pi}{\partial r_s} = -\alpha n(1-p) < 0$，$\dfrac{\partial \pi}{\partial r_w} = -(1-\alpha)n(1-p) < 0$，因此，

$r_s^* = c$，$r_w^* = \dfrac{c}{1-p}$。进而，企业的利润函数满足 $\pi = p((1+n)(1-p) + \alpha cn) - cn$。

令 $\dfrac{\partial \pi}{\partial p} = 0$ 可得，$p = \dfrac{1 + (\alpha c + 1)n}{2(n+1)}$。

当 $c \leqslant \dfrac{n+1}{(2-\alpha)n+2}$ 时，$c \leqslant p$；当 $c \leqslant \dfrac{-2(n+1)^2 + \sqrt{4(n+1)^4 + (\alpha n)^2(n+1)^2}}{(\alpha n)^2}$

时，$\dfrac{c}{1-p} \leqslant p$。

通过检查 c 的临界值的大小可得，当

$$0 \leqslant c \leqslant \dfrac{-2(n+1)^2 + \sqrt{4(n+1)^4 + (\alpha n)^2(n+1)^2}}{(\alpha n)^2} \text{ 时，} p^* = \dfrac{1 + (\alpha c + 1)n}{2(n+1)}, r_s^*$$

$= c$，$r_w^* = \dfrac{2(n+1)c}{n+1-\alpha cn}$。将这种情形下企业的最优利润记为 π_1^*，有 $\pi_1^* = $

$\dfrac{[(\alpha c + 1)n + 1]^2}{4(n+1)} - cn$。

（2）当 $r_s \geqslant c$ 且 $(1-p)r_w < c$ 时，企业的利润优化问题为：

$$\max_{[p,r_s,r_w]} \pi = p(1-p) + \alpha n(p-r_s)(1-p)$$

$$\text{s.t.} \quad r_s \leqslant p$$

$$r_w \leqslant p$$

容易验证，最优的推荐奖励策略满足 $r_w^* = 0$ 和 $r_s^* = c$，进而，企业的利润满足

$\pi_2 = (1-p)(p + \alpha np - \alpha nc)$。

令 $\dfrac{\partial \pi}{\partial p} = 0$ 可得，$p = \dfrac{\alpha n(c+1) + 1}{2(\alpha n + 1)}$。当 $0 \leqslant c \leqslant \dfrac{\alpha n + 1}{\alpha n + 2}$ 时，$c \leqslant \dfrac{\alpha n(c+1) + 1}{2(\alpha n + 1)}$，有

$$p^* = \frac{\alpha n(c+1)+1}{2(\alpha n+1)},$$ 最优利润满足 $\pi_2^* = \frac{[\alpha n(1-c)+1]^2}{4(\alpha n+1)}$。

（3）当 $r_s < c$ 且 $(1-p)r_w < c$ 时，容易求得 $p^* = \frac{1}{2}$，$r_s^* = 0$，$r_w^* = 0$，最优利润满足

$\pi_3^* = \frac{1}{4}$。

通过比较以上三种情形下企业的最优利润可以得出企业最优的定价和奖励策略，具体结果如命题 1 中所述，其中：

$$\bar{c}_1 = \frac{\sqrt{4(n+1)^2(\alpha n+1)^2 + (\alpha n)^2(n+1)(\alpha n+1)} - 2(n+1)(\alpha n+1)}{(\alpha n)^2}。$$

命题 4.2 的证明：命题 4.2 的证明与命题 4.1 类似，根据指示函数，可以分为以下三种情形：

（1）当 $r_{\text{ben}} \geqslant c$ 且 $(1-p_{\text{ben}})r_{\text{ben}} \geqslant c$ 时，企业的利润优化问题可以表示为：

$$\max_{[p_{\text{ben}},\ r_{\text{ben}}]} \pi_{\text{ben}} = p_{\text{ben}}(1-p_{\text{ben}}) + n(p_{\text{ben}} - r_{\text{ben}})(1-p_{\text{ben}})$$

$$\text{s. t.} \quad r_{\text{ben}} \leqslant p_{\text{ben}}$$

通过对 r_{ben} 求一阶导可得，$\frac{\partial \pi_{\text{ben}}}{\partial r_{\text{ben}}} = -n(1-p_{\text{ben}}) < 0$，因此 $r_{\text{ben}}^* = \frac{c}{1-p_{\text{ben}}}$，此时企业的利润可表示为：$\pi_{\text{ben}} = p_{\text{ben}}(1+n)(1-p_{\text{ben}}) - cn$。

令 $\frac{\partial \pi_{\text{ben}}}{\partial p_{\text{ben}}} = 0$ 可得，$p_{\text{ben}} = \frac{1}{2}$，$r_{\text{ben}} = 2c$。

显然当 $0 \leqslant c \leqslant \frac{1}{4}$ 时，$r_{\text{ben}} \leqslant p_{\text{ben}}$，此时将企业的最优利润记为 π_{ben1}^*，有 $\pi_{ben1}^* = \frac{n+1}{4} - cn$。

（2）当 $r_{\text{ben}} \geqslant c$ 且 $(1-p_{\text{ben}})r_{\text{ben}} < c$ 时，企业的利润优化问题可以表示为：

$$\max_{[p_{\text{ben}},\ r_{\text{ben}}]} \pi_{\text{ben}} = p_{\text{ben}}(1-p_{\text{ben}}) + \alpha n(p_{\text{ben}} - r_{\text{ben}})(1-p_{\text{ben}})$$

$$\text{s. t.} \quad r_{\text{ben}} \leqslant p_{\text{ben}}$$

容易验证，当 $0 \leqslant c \leqslant \frac{\alpha n+1}{\alpha n+2}$ 时，$p_{\text{ben}}^* = \frac{\alpha n(c+1)+1}{2(\alpha n+1)}$，$r_{\text{ben}}^* = \frac{2(n+1)c}{n+1-\alpha cn}$，最

优利润满足 $\pi_{ben2}^* = \dfrac{(\alpha n(1-c)+1)^2}{4(\alpha n+1)}$。

（3）当 $r_{ben} < c$ 且 $(1-p_{ben})r_{ben} < c$ 时，企业的利润优化问题可以表示为：

$$\max_{[p_{ben},\,r_{ben}]} \pi_{ben} = p_{ben}(1-p_{ben})$$

$$\text{s. t.} \quad r_{ben} \leqslant p_{ben}$$

容易求得 $p_{ben}^* = \dfrac{1}{2}$，$r_w^* = 0$，最优利润满足 $\pi_{ben3}^* = \dfrac{1}{4}$。

通过比较以上三种情形下企业的最优利润可以得出企业最优的定价和奖励策略，具体结果如命题 4.2 中所述，其中：

$$\bar{c}_2 = \frac{\sqrt{(\alpha n-2n)^2(\alpha n+1)^2 + (\alpha n)^2(n-\alpha n)(\alpha n+1)} + (\alpha n-2n)(\alpha n+1)}{(\alpha n)^2}。$$

命题 4.3 的证明：

由命题 4.1、命题 4.2 可得：由于 $\bar{c}_2 < \bar{c}_1 < \dfrac{\alpha n+1-\sqrt{\alpha n+1}}{\alpha n}$，$\pi_2^* = \pi_{ben2}^*$，

$\pi_3^* = \pi_{ben3}^*$，而 $\bar{c}_2 \leqslant c < \bar{c}_1$ 时，$\pi_1^* > \pi_{ben2}^*$。因此比较 $0 \leqslant c < \bar{c}_2$ 时，π_1^* 与 π_{ben1}^* 的大小即可。

当 $0 \leqslant c < \bar{c}_2$ 时，

$$\Delta = \pi^* - \pi_{ben}^* = \frac{((\alpha c+1)n+1)^2}{4(n+1)} - \frac{n+1}{4} = \frac{\alpha cn(\alpha cn+2n+2)}{4(n+1)} > 0,$$

容易验证 $\dfrac{\partial \pi}{\partial c} > 0$。

当 $\bar{c}_2 \leqslant c < \bar{c}_1$ 时，

$$\Delta = \pi^* - \pi_{ben}^* = \frac{((\alpha c+1)n+1)^2}{4(n+1)} - cn - \frac{(\alpha n(1-c)+1)^2}{4(\alpha n+1)}$$

$$= \frac{1}{4}\left[\frac{(acn+n+1)^2}{n+1} - \frac{(1+an-anc)^2}{an+1} - 4cn\right],$$

容易验证 $\dfrac{\partial \pi}{\partial c} < 0$。

通过命题 4.1 与命题 4.2 可知，当 $\bar{c}_1 < c \leqslant 1$ 时，$\pi^* = \pi_{ben}^*$。

命题 4.4 的证明：

当 $0 \leq c < \overline{c}_2$ 时，$p^* = \dfrac{1 + (\alpha c + 1)n}{2(n+1)}$，$p_{\text{ben}}^* = \dfrac{1}{2}$，$r_w^* = \dfrac{2(n+1)c}{n+1-\alpha cn}$，$r_s^* = c$，$r_{\text{ben}}^* = 2c$，容易证明 $p^* > p_{\text{ben}}^*$，$r_s^* < r_{\text{ben}}^*$，$r_w^* > r_{\text{ben}}^*$。

当 $\overline{c}_2 \leq c < \overline{c}_1$ 时，$p^* = \dfrac{1 + (\alpha c + 1)n}{2(n+1)}$，$p_{\text{ben}}^* = \dfrac{\alpha n(c+1)+1}{2(\alpha n+1)}$，$r_w^* = \dfrac{2(n+1)c}{n+1-\alpha cn}$，$r_s^* = c$，$r_{\text{ben}}^* = c$，容易验证，$p^* < p_{\text{ben}}^*$，$r_s^* = r_{\text{ben}}^*$，$r_w^* > r_{\text{ben}}^*$。

当 $\overline{c}_1 \leq c < \dfrac{\alpha n + 1 - \sqrt{\alpha n + 1}}{\alpha n + 1}$ 时，$p^* = p_{\text{ben}}^* = \dfrac{\alpha n(c+1)+1}{2(\alpha n+1)}$，$r_s^* = r_{\text{ben}}^* = c$，$r_w^* = 0$。

当 $\dfrac{\alpha n + 1 - \sqrt{\alpha n + 1}}{\alpha n + 1} \leq c \leq 1$ 时，$p^* = p_{\text{ben}}^* = \dfrac{1}{2}$，$r_s^* = r_{\text{ben}}^* = r_{\text{ben}}^* = 0$。

命题 4.5 的证明： 企业的利润优化问题可分为以下三种情形：

（1）当 $r_s \geq c$ 且 $(1 - p + \delta_w)r_w \geq c$ 时，企业的利润优化问题为：

$$\max_{[p,\ r_s,\ r_w,\ \delta_s,\ \delta_w]} \pi = p(1-p) + \alpha n(p - r_s - \delta_s)(1 - p + \delta_s) + (1-\alpha)n$$
$$(p - r_w - \delta_w)(1 - p + \delta_w)$$

s. t.　$r_s + \delta_s \leq p$

$r_w + \delta_w \leq p$

通过求一阶导可得，$\dfrac{\partial \pi}{\partial r_s} = -\alpha n(1 - p + \delta_s) < 0$，$\dfrac{\partial \pi}{\partial r_w} = -(1-\alpha)n(1 - p + \delta_w) < 0$，因此，$r_s^* = c$，$r_w^* = \dfrac{c}{1 - p + \delta_w}$。企业的利润函数满足：

$$\pi = p(1+n)(1-p) - \alpha n(1 - p + \delta_s)c - \alpha n(1 - 2p + \delta_s)\delta_s - (1-\alpha)nc - (1-\alpha)n(1 - 2p + \delta_w)\delta_w。$$

此时 $\dfrac{\partial \pi}{\partial \delta_s} = -\alpha n(c + 1 - 2p + 2\delta_s)$，$\dfrac{\partial \pi}{\partial \delta_w} = -(1-\alpha)n(1 - 2p + 2\delta_w)$，通过对 p 进行分类讨论判断一阶导情况可得：

① 当 $p \leq \dfrac{1}{2}$ 时，$\dfrac{\partial \pi}{\partial \delta_s} < 0$，$\dfrac{\partial \pi}{\partial \delta_w} \leq 0$，$\dfrac{\partial \pi}{\partial p} > 0$，因此，$p = \dfrac{1}{2}$，$\delta_s = 0$，$\delta_w = 0$。

容易验证，当 $c \leqslant \dfrac{1}{4}$ 时，$p^* = \dfrac{1}{2}$，$r_s^* = c$，$r_w^* = 2c$，$\delta_s^* = 0$，$\delta_w^* = 0$，企业最优

利润记为 π_{t1}^*，$\pi_{t1}^* = \dfrac{n + 1 - 4nc + 2\alpha nc}{4}$。

② 当 $\dfrac{1}{2} < p < \dfrac{c + 1}{2}$ 时，容易验证 $\delta_s = 0$，$\delta_w = \dfrac{2p - 1}{2}$，$p = \dfrac{\alpha n + 1 + \alpha nc}{2(\alpha n + 1)}$。

当 $c \leqslant \dfrac{\alpha n + 1}{\alpha n + 2}$ 时，$c \leqslant p$，当 $c \leqslant \dfrac{1}{4}$ 时，$\dfrac{c}{1 - p + \delta_w} \leqslant p$。

通过检查 c 的临界值的大小可得，当 $c \leqslant \dfrac{1}{4}$ 时，$p^* = \dfrac{\alpha n + 1 + \alpha nc}{2(\alpha n + 1)}$，$r_s^* = c$，

$r_w^* = 2c$，$\delta_s^* = 0$，$\delta_w^* = \dfrac{\alpha nc}{2(\alpha n + 1)}$，企业最优利润为 $\pi_{t2}^* = \dfrac{(\alpha n + 1 - \alpha nc)^2}{4(\alpha n + 1)}$

$+ \dfrac{(1 - \alpha)n(1 - 4c)}{4}$。

③ 当 $p \geqslant \dfrac{c + 1}{2}$ 时，容易验证 $\delta_s^* = \dfrac{2p - 1 - c}{2}$，$\delta_w^* = \dfrac{2p - 1}{2}$，$\dfrac{\partial \pi}{\partial p} < 0$，因此，

$p = \dfrac{c + 1}{2}$。

由于 $c \leqslant p$ 恒成立，且当 $c \leqslant \dfrac{1}{4}$ 时，$\dfrac{c}{1 - p + \delta_w} + \delta_w \leqslant p$，因此当 $c \leqslant \dfrac{1}{4}$ 时，

$r_s^* = c$，$r_w^* = 2c$，$\delta_s^* = 0$，$\delta_w^* = \dfrac{\alpha nc}{2(\alpha n + 1)}$，企业最优利润为：

$$\pi_{t3}^* = \dfrac{(1 - c)(c + 1 + \alpha n - \alpha nc) + (1 - \alpha)n(1 - 4c)}{4}。$$

比较 π_{t1}^*、π_{t2}^*、π_{t3}^* 可得，当 $c \leqslant \dfrac{1}{4}$ 时，有 $p^* = \dfrac{\alpha n + 1 + \alpha nc}{2(\alpha n + 1)}$，$r_s^* = c$，$r_w^* =$

$2c$，$\delta_s^* = 0$，$\delta_w^* = \dfrac{\alpha nc}{2(\alpha n + 1)}$，企业的最优利润为：

$$\pi^* = \pi_{t2}^* = \dfrac{(\alpha n + 1 - \alpha nc)^2}{4(\alpha n + 1)} + \dfrac{(1 - \alpha)n(1 - 4c)}{4}。$$

(2) 当 $r_s \geqslant c$ 且 $(1 - p + \delta_w)r_w < c$ 时，企业的利润优化问题为：

$$\max_{[p,\,r_s,\,r_w,\,\delta_s,\,\delta_w]} \pi = p(1-p) + \alpha n(p - r_s - \delta_s)(1 - p + \delta_s)$$

$$\text{s. t.} \quad r_s + \delta_s \leqslant p$$

$$r_w + \delta_w \leqslant p$$

与命题4.1、命题4.2证明类似，此时 $r_w^* = 0$，$r_s^* = c$，$\delta_w^* = 0$，企业利润函数满足 $\pi = (1-p)p + \alpha n(1 - p + \delta_s)(p - c - \delta_s)$。

通过求一阶导可得，$\dfrac{\partial \pi}{\partial \delta_s} = -\alpha n(c + 1 - 2p + 2\delta_s)$，$\dfrac{\partial \pi}{\partial p} = (\alpha n + 1)(1 - 2p) + \alpha n(2\delta_s + c)$

通过对 p 进行分类讨论判断一阶导情况可知：

① 当 $p < \dfrac{c+1}{2}$ 时，$\dfrac{\partial \pi}{\partial \delta_s} < 0$，因此，$\delta_s = 0$，$p = \dfrac{\alpha n + 1 + \alpha nc}{2(\alpha n + 1)}$。

当 $c \leqslant \dfrac{\alpha n + 1}{\alpha n + 2}$ 时，$c \leqslant p$，有 $r_s^* = c$，$r_w^* = 0$，$\delta_s^* = 0$，$\delta_w^* = 0$，$p^* = \dfrac{\alpha n + 1 + \alpha nc}{2(\alpha n + 1)}$

企业最优利润为 $\pi_{t4}^* = \dfrac{(\alpha n + 1 - \alpha nc)^2}{4(\alpha n + 1)}$。

② 当 $p \geqslant \dfrac{c+1}{2}$ 时，$\delta_s = \dfrac{2p - 1 - c}{2}$，$\dfrac{\partial \pi}{\partial p} < 0$ 因此，$p = \dfrac{1+c}{2}$，$\delta_s = 0$。

由于 $c \leqslant p$ 恒成立，有 $r_s^* = c$，$r_w^* = 0$，$\delta_s^* = 0$，$\delta_w^* = 0$，$p^* = \dfrac{1+c}{2}$，企业最优利润为 $\pi_{t5}^* = \dfrac{(1-c)(c + 1 + \alpha n - \alpha nc)}{4}$。

通过比较以上两种情形下企业的最优利润可以得出：

当 $c \leqslant \dfrac{\alpha n + 1}{\alpha n + 2}$ 时，有 $r_s^* = c$，$r_w^* = 0$，$\delta_s^* = 0$，$\delta_w^* = 0$，$p^* = \dfrac{\alpha n + 1 + \alpha nc}{2(\alpha n + 1)}$，企业最优利润为 π_{t4}^*。

当 $c > \dfrac{\alpha n + 1}{\alpha n + 2}$ 时，有 $r_s^* = c$，$r_w^* = 0$，$\delta_s^* = 0$，$\delta_w^* = 0$，$p^* = \dfrac{1+c}{2}$，企业最优利润为 π_{t5}^*。

（3）当 $r_s < c$ 且 $(1 - p + \delta_w)r_w < c$ 时，企业的利润优化问题为：

$$\max_{[p,\ r_s,\ r_w,\ \delta_s,\ \delta_w]} \pi = p(1-p)$$

$$\text{s. t.} \quad r_s + \delta_s \leqslant p$$

$$r_w + \delta_w \leqslant p$$

易求得此时 $p^* = \dfrac{1}{2}$，$r_s^* = 0$，$r_w^* = 0$，$\delta_s^* = 0$，$\delta_w^* = 0$ 最优利润 $\pi_{t6}^* = \dfrac{1}{4}$。

通过比较以上三种情形下企业的最优利润可以得出企业最优的定价和奖励策略，具体结果如命题4.5中所述。

第6章相关定理与命题的证明

引理6.1。（i）在时期 t，$t \in \{1, 2, \cdots, T\}$，产品的采用率满足

$$x_t = \begin{cases} \dfrac{(a+Q-p)}{2a} \sum\limits_{i=1}^{t} \left(\dfrac{\beta}{2a}\right)^{i-1} & 如果 \dfrac{(a+Q-p)}{2a} \sum\limits_{i=1}^{t} \left(\dfrac{\beta}{2a}\right)^{i-1} < 1 \\[4mm] 1 & 如果 \dfrac{(a+Q-p)}{2a} \sum\limits_{i=1}^{t} \left(\dfrac{\beta}{2a}\right)^{i-1} \geqslant 1 \end{cases}$$

（ii）时期1时产品的需求为 $D_1 = Nx_1$，时期 t 时，$t \in \{2, \cdots, T\}$，产品的需求满足

$$D_t = N(x_t - x_{t-1}) =$$

$$\begin{cases} \dfrac{N(a+Q-p)}{2a} \left(\dfrac{\beta}{2a}\right)^{t-1} & 如果 \dfrac{(a+Q-p)}{2a} \sum\limits_{i=1}^{t} \left(\dfrac{\beta}{2a}\right)^{i-1} < 1 \\[4mm] N\left[1 - \dfrac{(a+Q-p)}{2a} \sum\limits_{i=1}^{t-1} \left(\dfrac{\beta}{2a}\right)^{i-1}\right] & 如果 \dfrac{(a+Q-p)}{2a} \sum\limits_{i=1}^{t-1} \left(\dfrac{\beta}{2a}\right)^{i-1} < 1 \text{ 且} \\[4mm] & \dfrac{(a+Q-p)}{2a} \sum\limits_{i=1}^{t} \left(\dfrac{\beta}{2a}\right)^{i-1} \geqslant 1 \end{cases}$$

引理6.1的证明：很容易证明最优价格应满足 $p < Q + a$。因此，下面研究只关注 $p < Q + a$ 时的证明。设 $\bar{\varepsilon}_t$ 表示在时期 t 消费者会购买产品的估值阈值，有

当 $t = 1$ 时，$\bar{\varepsilon}_1 = \begin{cases} p - Q & 如果 p > Q - a \\ -a & 如果 p \leqslant Q - a \end{cases}$

等价于 $\bar{\varepsilon}_1 = \begin{cases} p - Q & \text{如果} \dfrac{a + Q - p}{2a} < 1 \\ \\ -a & \text{如果} \dfrac{a + Q - p}{2a} \geqslant 1 \end{cases}$

据此可以得到 $x_1 = \begin{cases} \dfrac{(a + Q - p)}{2a} & \text{如果} \dfrac{a + Q - p}{2a} < 1 \\ \\ 1 & \text{如果} \dfrac{a + Q - p}{2a} \geqslant 1 \end{cases}$

当 $t = 2$，$U_2 = Q + - p + \beta x_1$，可以推导得到：

$\bar{\varepsilon}_2 = \begin{cases} p - Q - \dfrac{\beta(a + Q - p)}{2a} & \text{如果} \dfrac{a + Q - p}{2a}\left[1 + \dfrac{\beta}{2a}\right] < 1 \\ \\ -a & \text{如果} \dfrac{a + Q - p}{2a}\left[1 + \dfrac{\beta}{2a}\right] \geqslant 1 \end{cases}$ 和

$x_2 = \begin{cases} \dfrac{(a + Q - p)}{2a} & \text{如果} \dfrac{a + Q - p}{2a}\left[1 + \dfrac{\beta}{2a}\right] < 1, \\ \\ 1 & \text{如果} \dfrac{a + Q - p}{2a}\left[1 + \dfrac{\beta}{2a}\right] \geqslant 1。 \end{cases}$

归纳可以得到，对于 $t \in \{1, 2, \cdots, T\}$，有：

$\bar{\varepsilon}_t = \begin{cases} p - Q - \dfrac{\beta(a + Q - p)}{2a}\sum\limits_{i=1}^{t}\left(\dfrac{\beta}{2a}\right)^{i-2} & \text{如果} \dfrac{(a + Q - p)}{2a}\sum\limits_{i=1}^{t}\left(\dfrac{\beta}{2a}\right)^{i-1} < 1 \\ \\ -a & \text{如果} \dfrac{(a + Q - p)}{2a}\sum\limits_{i=1}^{t}\left(\dfrac{\beta}{2a}\right)^{i-1} \geqslant 1 \end{cases}$

产品的采用率为

$x_t = \begin{cases} \dfrac{(a + Q - p)}{2a}\sum\limits_{i=1}^{t}\left(\dfrac{\beta}{2a}\right)^{i-1} & \text{如果} \dfrac{(a + Q - p)}{2a}\sum\limits_{i=1}^{t}\left(\dfrac{\beta}{2a}\right)^{i-1} < 1 \\ \\ 1 & \text{如果} \dfrac{(a + Q - p)}{2a}\sum\limits_{i=1}^{t}\left(\dfrac{\beta}{2a}\right)^{i-1} \geqslant 1 \end{cases}$

消费者在时期 t，$t \in \{2, \cdots, T\}$，的需求为

$$D_t = N[x_t - x_{t-1}]$$

$$\times \begin{cases} \dfrac{N(a+Q-p)}{2a}\left(\dfrac{\beta}{2a}\right)^{t-1} & \text{如果} \dfrac{(a+Q-p)}{2a}\sum_{i=1}^{t}\left(\dfrac{\beta}{2a}\right)^{i-1} < 1 \\[3mm] N\left[1 - \dfrac{(a+Q-p)}{2a}\sum_{i=1}^{t-1}\left(\dfrac{\beta}{2a}\right)^{i-1}\right] & \text{如果} \dfrac{(a+Q-p)}{2a}\sum_{i=1}^{t}\left(\dfrac{\beta}{2a}\right)^{i-1} \geqslant 1 \text{ 且} \\[3mm] & \dfrac{(a+Q-p)}{2a}\sum_{i=1}^{t-1}\left(\dfrac{\beta}{2a}\right)^{i-1} < 1 \end{cases}$$

对于 $t = 1$ 时有 $D_1 = N x_1$。

命题 6.1 的证明：时期 1 消费者的需求是

$$D_1 = \begin{cases} N\dfrac{(a+Q-p)}{2a} & \text{如果 } Q-a < p < Q+a \\[3mm] N & \text{如果 } p \leqslant Q-a \end{cases}$$

企业的优化问题是问题(6-3)。根据一阶导条件可以很容易得到最优定价策略。对 π^* 求导，得到：

$$\frac{\partial \pi^*}{\partial a} = \begin{cases} -N & \text{如果 } 0 < a \leqslant \dfrac{Q}{3} \\[3mm] \dfrac{N(a+Q)(a-Q)}{8a^2} & \text{如果 } \dfrac{Q}{3} < a < Q \end{cases}$$

因为 $\dfrac{\partial \pi^*}{\partial a} < 0$ 始终成立，因此 π^* 随 a 的增大而减小。

定理 6.1 的证明：定义 $\bar{p}_T$ 满足 $\dfrac{(a+Q-\bar{p}_T)}{2a}\sum_{t=1}^{T}\left(\dfrac{\beta}{2a}\right)^{t-1} = 1$，等价于 $\bar{p}_T = a + Q - \dfrac{2a}{s_T}$，结合引理 6.1，可以得到

$$\pi(p) = \begin{cases} Np \cdot 1 & \text{如果 } Q-a \leqslant p \leqslant \bar{p}_T \\[3mm] \dfrac{Np(a+Q-p)S_T}{2a} & \text{如果 } \bar{p}_T < p < Q+a \end{cases}$$

(i) 在区间 $[Q-a, \bar{p}_T]$ 上，$\pi = Np \cdot 1$ 是关于 p 的递增函数。

(ii) 在区间 $(\bar{p}_T, Q+a)$ 上，有 $\pi'(p) = \dfrac{N(a+Q-2p)S_T}{2a}$ 和 $\pi'(p) < 0$。定

义 p_2^* 满足 $\pi'(p_2^*) = 0$，等价于 $p_2^* = \dfrac{a + Q}{2}$。

情形1： 如果 $\bar{p}_T < p_2^* < Q + a$。这意味着在区间 $[Q - a,\ p_2^*]$ 上，$\pi(p)$ 随 p 的增加而增加；然而在区间 $(p_2^*,\ Q + a)$ 上，$\pi(p)$ 随 p 的增加而减小。因此，最优价格为 $p^* = p_2^* = \dfrac{a + Q}{2}$。

情形2： 如果 $p_2^* \leqslant \bar{p}_T$。这种情况下，在区间 $[Q - a,\ \bar{p}_T]$ 上，$\pi(p)$ 随 p 的增大而增加；然而在区间 $(\bar{p}_T,\ Q + a)$ 上，$\pi(p)$ 随 p 的增大而减小。因此，最优价格为 $\quad p^* = \bar{p}_T = a + Q - \dfrac{2a}{S_T}$。

设 $a_1 > 0$，满足 $p_2^* = \bar{p}_T$，即 a_1 满足 $\dfrac{(a_1 + Q) S_T(a_1)}{4 a_1} = 1$。很容易得到，如果 $a < a_1$，则 $p_2^* < \bar{p}_T$；然而如果 $a \geqslant a_1$，则 $p_2^* \geqslant \bar{p}_T$。设 $\bar{a}_1 = \min(a_1,\ Q)$，可以得到（ i ）如果 $0 < a \leqslant \bar{a}_1$，则 $p^* = a + Q - \dfrac{2a}{S_T}$，$\pi^* = N\left(a + Q - \dfrac{2a}{S_T}\right)$；（ ii ）如果 $\bar{a}_1 < a \leqslant Q$，则 $p^* = \dfrac{a + Q}{2}$，$\pi^* = \dfrac{N(a + Q)^2 S_T}{8a}$。

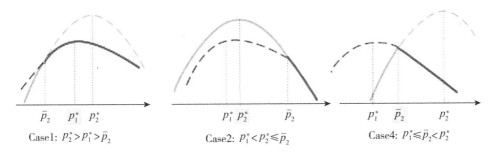

Case1: $p_2^* > p_1^* > \bar{p}_2$ Case2: $p_1^* < p_2^* \leqslant \bar{p}_2$ Case4: $p_1^* \leqslant \bar{p}_2 < p_2^*$

图 EC.4   定理 6.1 证明示例

命题 6.2 的证明：情形1： 当 $\bar{a}_1 < a \leqslant Q$ 时。在这种情形，$\pi^* = \dfrac{N(a + Q)^2 S_T}{8a}$。容易得到 π^* 随 a 的增大而减少。为节省篇幅，这里省略具体证明细节。

情形 2： 当 $0 < a \leqslant \bar{a}_1$ 时。在这种情形下，$\pi^* = N\left(a + Q - \dfrac{2a}{S_T}\right)$。（i）如果 $\beta = 2a$，则 $S_T = \sum\limits_{t=1}^{T} \left(\dfrac{\beta}{2a}\right)^{t-1} = T$ 且 $\pi^* = N\left[Q + \dfrac{(T-2)a}{T}\right]$。因为 $T \geqslant 2$ 时，π^* 随 a 是单调不减的。

（ii）当 $\beta \neq 2a$ 时。设 $\theta = \dfrac{\beta}{2a}$，得到 $\pi^* = N\left(a + Q - \dfrac{2a - \beta}{1 - \theta^T}\right)$，求导得到：

$$\frac{\partial \pi^*}{\partial a} = N\left[\frac{(1 - \theta^T)^2 - 2(1 - \theta^T) + (2a - \beta)\left(T\theta^{T-1} \cdot \dfrac{\beta}{2a^2}\right)}{(1 - \theta^T)^2}\right]$$

$$= \frac{N[\theta^{2T} - 1 + 2T(1 - \theta)\theta^T]}{(1 - \theta^T)^2}$$

定义 $h(T, \theta) = \theta^{2T} - 1 + 2T(1 - \theta)\theta^T$，求导得到 $\dfrac{\partial h(T, \theta)}{\partial \theta} = 2T\theta^{T-1}[\theta^T + T - (T+1)\theta]$。

定义 $g(T, \theta) = \theta^T + T - (T+1)\theta$，求导得到 $\dfrac{\partial g(T, \theta)}{\partial \theta} = T\theta^{T-1} - (T+1)$。

如果 $\theta \geqslant \left(\dfrac{T+1}{T}\right)^{-(T-1)}$，则 $\dfrac{\partial g(T, \theta)}{\partial \theta} > 0$；然而如果 $\theta < \left(\dfrac{T+1}{T}\right)^{-(T-1)}$，则

$\dfrac{\partial g(T, \theta)}{\partial \theta} < 0$，因此，$g_{\min}(T, \theta) = g(T, \theta)\big|_{\theta = \left(\frac{T+1}{T}\right)^{-(T-1)}} = \theta\dfrac{T+1}{T} + T - (T+1)\theta$ 且

$g_{\min}(T, \theta) > 0$，因此 $g(T, \theta) \geqslant g_{\min}(T, \theta) > 0$，这意味着 $\dfrac{\partial h(T, \theta)}{\partial \theta} = 2T\theta^{T-1}g(T, \theta) > 0$

0。因此 $h(T, \theta)$ 随 θ 而增加，因为 $\theta = \dfrac{\beta}{2a}$ 随 a 递减，得到 $h(T, \theta)$ 随 a 而递减。

定义 $a_2 > 0$，满足 $h(T, \theta(a_2)) = 0$，即 a_2 满足 $h(T, \theta(a_2)) = \left(\dfrac{\beta}{2a_2}\right)^{2T} - 1 +$

$2T\left(1 - \dfrac{\beta}{2a_2}\right)\left(\dfrac{\beta}{2a_2}\right)^T = 0$。设 $\bar{a}_2 = \min(a_2, \bar{a}_1)$，可以得到如果 $a \in (0, \bar{a}_2]$，则

$\dfrac{\partial \pi^*}{\partial a} = \dfrac{Nh(T, \theta(a_2))}{(1 - \theta^T)^2} \geqslant 0$，等价于 π^* 随 a 的增大而递增；然而如果 $a \in (\bar{a}_2, Q$，则

$$\frac{\partial \pi^*}{\partial a} = \frac{Nh(T, \theta(a_2))}{(1 - \theta^T)^2} < 0,\ \text{且}\ \pi^*\ \text{随}\ a\ \text{的增大而递减。}$$

定理 6.2 的证明：由引理 6.1 可知，时期 2 末的市场渗透率满足 $x_2 = \dfrac{(a + Q - p)}{2a}S_2$。

定义 $\bar{p}_2$ 满足 $x_2(\bar{p}_2) = 1$，等价于 $\bar{p}_2 = a + Q - \dfrac{2a}{S_2}$。因为 $S_2 = 1 + \left(\dfrac{\beta}{2a}\right) > 1$，可知 $\bar{p}_2 = a + Q - \dfrac{2a}{S_2} > Q - a$。

（1）如果 $p > \bar{p}_2$，则 $x_2 < 1$。这种情形下有 $D_t = \dfrac{N(a + Q - p)}{2a}\left(\dfrac{\beta}{2a}\right)^{t-1}$，$t \in \{1, 2\}$。

（2）如果 $Q - a < p \leqslant \bar{p}_2$，则 $x_1 < 1$ 且 $x_2 \geqslant 1$。这种情形下有 $D_t =$

$$\begin{cases} \dfrac{N(a + Q - p)}{2a} & \text{当}\ t = 1 \\[3mm] N\left[1 - \dfrac{(a + Q - p)}{2a}\right] & \text{当}\ t = 2 \end{cases}$$

。因此在区间 $(Q - a, Q + a)$ 上，企业的利润函数为：

$$\pi(p) = \begin{cases} \dfrac{Np(a + Q - p)}{2a}\displaystyle\sum_{t=1}^{2}\delta^{t-1}\left(\dfrac{\beta}{2a}\right)^{t-1} & \text{如果}\ \bar{p}_2 < p < Q + a \\[5mm] \dfrac{Np(a + Q - p)}{2a} + pN\delta\left[1 - \dfrac{(a + Q - p)}{2a}\right] & \text{如果}\ Q - a < p \leqslant \bar{p}_2 \end{cases}$$

在区间 $(\bar{p}_2, Q + a)$ 上，$\pi'(p) = \dfrac{N(a + Q - 2p)}{2a}\displaystyle\sum_{t=1}^{2}\delta^{t-1}\left(\dfrac{\beta}{2a}\right)^{t-1}$。定义 p_1^* 满足 $\pi'(p_1^*) = 0$，可以得到 $p_1^* = \dfrac{a + Q}{2}$。在区间 $(Q - a, \bar{p}_2]$ 上，$\pi'(p) = \dfrac{(1 - \delta)N(a + Q - 2p)}{2a} - \dfrac{N(a + Q - 2p)}{2a} + N\delta$。定义 p_2^* 满足 $\pi'(p_2^*) = 0$，可以得到 $p_2^* = \dfrac{a + Q}{2} + \dfrac{a\delta}{(1 - \delta)}$。容易证明，$p_2^* > p_1^*$。图 EC.4 展示了最优定价策略的不同情形。

情形 1：当 $p_2^* > p_1^* > \bar{p}_2$ 且 $p_1^* > Q - a$ 时。在这种情形下，最优价格为 $p^* = p_1^*$ $= \dfrac{a+Q}{2}$，最优利润为 $\pi^* = \dfrac{N(a+Q)^2}{8a} \sum\limits_{t=1}^{2} \left(\dfrac{\delta\beta}{2a}\right)^{t-1}$。市场渗透率满足 $x_2^* < 1$。设 $a_4 > 0$，满足 $Q = \dfrac{4a_4}{S_2(a_4)} - a_4$，$p_1^* > \bar{p}_2$ 和 $p_1^* > Q - a$ 等价于 $\dfrac{a+Q}{2} > a + Q - \dfrac{2a}{S_2}$ 和 $\dfrac{a+Q}{2} > Q - a \Leftrightarrow a_4 \leqslant a \leqslant Q$。

情形 2：当 $Q - a < p_2^* \leqslant \bar{p}_2$ 时。在这种情形下，最优价格为 $p^* = p_2^* = \dfrac{a+Q}{2} + \dfrac{a\delta}{(1-\delta)}$，最优利润为 $\pi^* = N\left[\dfrac{(a+Q)^2(1-\delta)}{8a} + \dfrac{(a+Q)\delta}{2} + \dfrac{a\delta^2}{2(1-\delta)}\right]$。市场渗透率满足 $x_{t_0}^* = 1$，$1 < t_0 < 2$。$Q - a < p_2^* \leqslant \bar{p}_2$ 等价于 $\dfrac{a+Q}{2} + \dfrac{a\delta}{(1-\delta)} \leqslant a + Q - \dfrac{2a}{S_2}$ 和 $\dfrac{a+Q}{2} + \dfrac{a\delta}{(1-\delta)} > Q - a \Leftrightarrow \dfrac{(1-\delta)Q}{(3-\delta)} < a \leqslant a_3$。

情形 3：当 $p_2^* \leqslant Q - a \leqslant \bar{p}_2$ 时。在这种情形下，在区间 $(Q-a, \bar{p}_2]$ 上，$\pi(p)$ 是关于 p 的递减函数，因此，且最优价格为 $p^* = (Q-a)$，最优利润为 $\pi^* = N(Q-a)$。市场渗透率满足 $x_1^* = 1$。$p_2^* \leqslant Q - a$ 等价于 $\dfrac{a+Q}{2} + \dfrac{a\delta}{(1-\delta)} \leqslant Q - a \Leftrightarrow 0 \leqslant a \leqslant \dfrac{(1-\delta)Q}{(3-\delta)}$。

情形 4：当 $p_1^* \leqslant \bar{p}_2 < p_2^*$。在区间 $(\bar{p}_2, \infty)$，$\pi(p)$ 随 p 递减；然而在区间 $(Q-a, \bar{p}_2]$ 上，$\pi(p)$ 随 p 递增；因此，最优价格 $p^* = \bar{p}_2 = a + Q - \dfrac{2a}{S_2}$，且最优利润为 $\pi^* = \dfrac{N\left(a + Q - \dfrac{2a}{S_2}\right)}{S_2} \sum\limits_{t=1}^{2} \left(\dfrac{\delta\beta}{2a}\right)^{t-1}$。市场渗透率满足 $x_2^* = 1$。设 $a_3 > 0$，满足 $Q = \dfrac{4a_3}{S_2(a_3)} - a_3 + \dfrac{2a_3\delta}{(1-\delta)}$，$p_1^* \leqslant \bar{p}_2 \leqslant p_2^*$ 等价于 $\dfrac{a+Q}{2} \leqslant a + Q - \dfrac{2a}{S_2}$ 和 $\dfrac{a+Q}{2} + \dfrac{a\delta}{(1-\delta)} > a + Q - \dfrac{2a}{S_2}$ 等价于 $a_3 < a \leqslant a_4$。

总结得到

(i) 如果 $0 \leqslant a \leqslant \dfrac{(1-\delta)Q}{(3-\delta)}$，则 $p^* = (Q-a)$，$\pi^* = N(Q-a)$。

(ii) 如果 $\dfrac{(1-\delta)Q}{(3-\delta)} \leqslant a \leqslant a_3$，则 $p^* = \dfrac{a+Q}{2} + \dfrac{a\delta}{(1-\delta)}$，

$$\pi^* = N\left[\frac{(a+Q)^2(1-\delta)}{8a} + \frac{(a+Q)\delta}{2} + \frac{a\delta^2}{2(1-\delta)}\right]。$$

(iii) 如果 $a_3 < a < a_4$，则 $p^* = a + Q - \dfrac{2a}{S_2}$，$\pi^* = \dfrac{N\left(a + Q - \dfrac{2a}{S_2}\right)}{S_2} \sum\limits_{t=1}^{2}\left(\dfrac{\delta\beta}{2a}\right)^{t-1}$。

(iv) 如果 $a_4 \leqslant a \leqslant Q$，则 $p^* = \dfrac{a+Q}{2}$，$\pi^* = \dfrac{N(a+Q)^2}{8a} \sum\limits_{t=1}^{2}\left(\dfrac{\delta\beta}{2a}\right)^{t-1}$。

命题6.3的证明：（i）当 $0 \leqslant a \leqslant \dfrac{(1-\delta)Q}{(3-\delta)}$ 或 $a_4 \leqslant a \leqslant Q$ 时，易得 π^* 随 a 的增大而递减。为节省篇幅，这里省略了具体证明细节。

（ii）当 $\dfrac{(1-\delta)Q}{(3-\delta)} \leqslant a \leqslant a_3$ 时，

$$\pi^* = N\left[\frac{(a+Q)^2(1-\delta)}{8a} + \frac{(a+Q)\delta}{2} + \frac{a\delta^2}{2(1-\delta)}\right]。$$

求导得到 $\dfrac{\partial \pi^*}{\partial a} = \dfrac{N[(1+\delta)^2 a^2 - (1-\delta)^2 Q^2]}{8a^2(1-\delta)}$。$\dfrac{\partial \pi^*}{\partial a} \geqslant 0$ 等价于 $(1+\delta)a - (1-\delta)Q \geqslant 0$，即 $\delta \geqslant \dfrac{Q-a}{Q+a}$。因此，如果 $\dfrac{Q-a}{Q+a} \leqslant \delta < 1$，则 π^* 随 a 的增大而递增，否则，π^* 随 a 递减。

（iii）当 $a_3 < a < a_4$ 时，$\pi^* = \dfrac{N\left(a + Q - \dfrac{2a}{S_2}\right)}{S_2} \sum\limits_{t=1}^{2}\left(\dfrac{\delta\beta}{2a}\right)^{t-1} = N\left(a + Q - \right.$

$\left. \dfrac{4a^2}{2a+\beta}\right)\left(\dfrac{2a+\delta\beta}{2a+\beta}\right)$。定义 $f(a) = a + Q - \dfrac{4a^2}{2a+\beta}$ 和 $g(a) = \dfrac{2a+\delta\beta}{2a+\beta}$，有 $g'(a) = $

$\dfrac{2(1-\delta)\beta}{(2a+\beta)^2}$，$f'(a) = \dfrac{-4a^2 - 4a\beta + \beta^2}{(2a+\beta)^2}$ 和 $\dfrac{\partial \pi^*}{\partial a} = N[f'(a)g(a) + f(a)g'(a)]$。

第一,容易得到 $g'(a) > 0$。 第二,容易证明,如果 $0 < \beta < 2a$,则 $f'(a) < 0$;而如果 $\beta \geqslant 2a$,则 $f'(a) \geqslant 0$。 因此,可以得到,如果 $\beta \geqslant 2a$,则 $\frac{\partial \pi^*}{\partial a} > 0$。 另一方面,易得 $\frac{\partial \pi^*}{\partial a}\Big|_{\beta \to 0} = -1 < 0$。 因此,至少存在一个 β 的阈值,定义 $\bar{\beta}_1 (\bar{\beta}_1 > 0)$,满足 $\frac{\partial \pi^*}{\partial a}\Big|_{\beta = \bar{\beta}_1} = 0$。 使 $\frac{\partial \pi^*}{\partial a} = 0$,可以证明存在一个唯一的正数 $\bar{\beta}_1$ 满足 $\frac{\partial \pi^*}{\partial a}\Big|_{\beta = \bar{\beta}_1} = 0$。 且:(i) 如果 $0 < \beta < \bar{\beta}_1$,则 $\frac{\partial \pi^*}{\partial a} < 0$,即 π^* 随 a 的增大而递减;(ii) 如果 $\beta \geqslant \bar{\beta}_1$,则 $\frac{\partial \pi^*}{\partial a} \geqslant 0$,即 π^* 随 a 的增大而递增。

命题 6.4 的证明: (i) 当 $\beta = 0$ 且 $0 < a \leqslant \frac{Q}{3}$ 时。 这种情形下, $p^* = Q - a$,显然, p^* 随 a 的增大而递减。 (ii) 当 $\delta = 1$ 且 $0 < a \leqslant \bar{a}_1$ 时。 在这种情形下, $p^* = a + Q - \frac{2a}{S_T}$。 设 $\theta = \frac{\beta}{2a}$,如果 $\beta = 2a$,则 $p^* = a + Q - \frac{2a}{T}$。 显然, p^* 随 a 递增。 当 $\beta \neq 2a$,有 $p^* = a + Q - \frac{2a - \beta}{1 - \theta^T}$。 求导得到 $\frac{\partial p^*}{\partial a} = \frac{\theta^{2T} - 1 + 2T(1 - \theta)\theta^T}{(1 - \theta^T)^2}$。

定义 $h(T, \theta) = \theta^{2T} - 1 + 2T(1 - \theta)\theta^T$,基于命题 6.2 中的证明得到 $h(T, \theta)$ 是关于 θ 的递增函数。 又因为 $\theta = \frac{\beta}{2a}$ 随 β 递增,因此 $h(T, \theta)$ 是关于 β 的递增函数。 定义 $\bar{\beta}_2 > 0$,满足 $h(T, \theta(\bar{\beta}_2)) = \left(\frac{\bar{\beta}_2}{2a}\right)^{2T} - 1 + 2T\left(1 - \frac{\bar{\beta}_2}{2a}\right)\left(\frac{\bar{\beta}_2}{2a}\right)^T = 0$。

因此,对于 $\forall \beta \in (\bar{\beta}_2, \infty)$, $\frac{\partial p^*}{\partial a} = \frac{h(T, \theta)}{(1 - \theta^T)^2} > 0$ 即 p^* 随 a 而递增;然而,如果 $\beta < \bar{\beta}_2$,则 $\frac{\partial p^*}{\partial a} = \frac{h(T, \theta)}{(1 - \theta^T)^2} < 0$,即 p^* 随 a 的增大而递减。

(iii) 当 $0 < \delta < 1$ 且 $T = 2$ 时。 得到

$$p^* = \begin{cases} \dfrac{a + Q}{2} + \dfrac{a\delta}{(1 - \delta)} & \text{如果} \dfrac{(1 - \delta)Q}{(3 - \delta)} < a < a_3 \\ a + Q - \dfrac{2a}{S_2} & \text{如果} a_3 \leqslant a \leqslant a_4 \end{cases},$$

a_3 满足 $\dfrac{4\,a_3}{S_2(a_3)} - a_3 + \dfrac{2\,a_3\delta}{(1-\delta)} = Q$，$a_4$ 满足 $\dfrac{4\,a_4}{S_2(a_4)} - a_4 = Q$，

可以推导出 $p^* = \begin{cases} \dfrac{a+Q}{2} + \dfrac{a\delta}{(1-\delta)} & \text{如果} \dfrac{(1-\delta)Q}{(3-\delta)} < a \text{ 且 } \beta > \beta_3 \\[4mm] a + Q - \dfrac{2a}{S_2} & \text{如果} \beta_4 \leqslant \beta \leqslant \beta_3 \end{cases}$

β_4 满足 $\dfrac{4a}{S_2(\beta_4)} - a = Q$，$\beta_3$ 满足 $\dfrac{4a}{S_2(\beta_3)} - a + \dfrac{2a\delta}{(1-\delta)} = Q$。

(i) 当 $\dfrac{(1-\delta)Q}{(3-\delta)} < a$ 且 $\beta > \beta_3$ 时，$p^* = \dfrac{a+Q}{2} + \dfrac{a\delta}{(1-\delta)}$，$p^*$ 随 a 递增。

(ii) 当 $\beta_4 \leqslant \beta \leqslant \beta_3$ 时，$p^* = a + Q - \dfrac{2a}{S_2} = a + Q - \dfrac{4\,a^2}{2a+\beta}$。$\dfrac{\partial p^*}{\partial a} =$

$\dfrac{(\beta - 2a + 2\sqrt{2}a)(\beta - 2a - 2\sqrt{2}a)}{(2a+\beta)^2}$。因此，如果 $\beta < (2 + 2\sqrt{2})a$，则 $\dfrac{\partial p^*}{\partial a} < 0$；

然而如果 $\beta \geqslant (2 + 2\sqrt{2})a$，则 $\dfrac{\partial p^*}{\partial a} \geqslant 0$。总而言之，设 $\bar{\beta}_3 = \min(\beta_3, (2 + 2\sqrt{2})a)$，可以得到如果 $\beta \geqslant \bar{\beta}_3$，则 p^* 随 a 递增；否则 p^* 随 a 递减。

第6.5节的分析。 因为 ε 服从截断正态分布 $N(\mu, \sigma, -a_1, a_2)$，$\varepsilon$ 的概率密度函数为

$$f(x; \mu, \sigma, -a_1, a_2) = \begin{cases} \dfrac{1}{\sigma} \dfrac{\phi\left(\dfrac{x-\mu}{\sigma}\right)}{\Phi\left(\dfrac{a_2-\mu}{\sigma}\right) - \Phi\left(\dfrac{-a_1-\mu}{\sigma}\right)} & \text{如果} -a_1 \leqslant x \leqslant a_2 \\[6mm] 0 & \text{如果} x > a_2 \text{ 或 } x < -a_1 \end{cases}$$

$\phi(\xi) = \dfrac{1}{\sqrt{2\pi}} \exp\left(-\dfrac{1}{2}\xi^2\right)$ 且 $\Phi(y) = \displaystyle\int_{-\infty}^{y} \phi(\xi) \cdot d\xi$。设 ε 的累积分布函数为

$F(x)$，定义 $\bar{F}(x) := 1 - F(x)$。

定义 $\bar{\varepsilon}_t$ 表示 ε 的在 t 期的估值阈值，当估值超过 $\bar{\varepsilon}_t$ 时，消费者将在时期七结束前采用该产品。当 $t = 1$，有 $\bar{\varepsilon}_1$ 满足 $u_1 = Q + \bar{\varepsilon}_1 - p = 0$。可以得到 $\bar{\varepsilon}_1 = p - Q$，时期

1 结束时产品的采用率满足 $x_1 = \bar{F}(\max(-a_1, \bar{\varepsilon}_1))$。在时期 2，$\bar{\varepsilon}_2$ 满足 $u_2 = Q + \bar{\varepsilon}_2 - p + \beta x_1 = Q + \bar{\varepsilon}_2 - p + \beta \bar{F}(\max(-a_1, \bar{\varepsilon}_1)) = 0$，它遵循 $\bar{\varepsilon}_2 = p - Q - \beta \bar{F}(\max(-a_1, \bar{\varepsilon}_1))$ 和 $x_2 = \bar{F}(\max(-a_1, \bar{\varepsilon}_2))$。归纳得到对于 $t \geq 2, \bar{\varepsilon}_t = p - Q - \beta \bar{F}(\max(-a_1, \bar{\varepsilon}_{t-1}))$，$\bar{\varepsilon}_1 = p - Q$。

当 $\delta = 1$，企业的优化问题为 $\max_p \pi = Np \cdot \bar{F}(\max(-a_1, \bar{\varepsilon}_T))$。

在数值分析中，设定 $N = 100$，$Q = 1$，$\mu = 0.2$，$a_1 = 0.7$，$a_2 = 0.5$，$T = 7$，并设定 σ 的值，研究用 Matlab 来计算最优价格和利润。